孩子 我们该如何爱你

刘胜林 著

四川教育出版社
·成都·

图书在版编目（CIP）数据

孩子，我们该如何爱你/刘胜林著. —成都：四川教育出版社，2008.3 （2013 重印）
ISBN 978-7-5408-4819-4

Ⅰ.孩… Ⅱ.刘… Ⅲ.儿童教育 Ⅳ.G61

中国版本图书馆CIP 数据核字（2008）第 006894 号

责任编辑 谢志良
封面设计 何一兵
版式设计 王 凌
责任校对 严道丽
责任印制 陈 庆 杨 军
出版发行 四川教育出版社
地 址 成都市槐树街 2 号
邮政编码 610031
网 址 www.chuanjiaoshe.com
印 刷 四川福润印务有限责任公司
制 作 四川胜翔数码印务设计有限公司
版 次 2008 年 3 月第 1 版
印 次 2013 年 9 月第 4 次印刷
成品规格 155mm×235mm
印 张 11.5 插页 2
定 价 20.00 元

如发现印装质量问题，请与本社调换。电话：（028）86259359
营销电话：（028）86259477 邮购电话：（028）86259694
编辑部电话：（028）86259381

序 言

亲爱的读者，当你翻开这本书的时候，你的心里一定带着些特别的情愫和感动。或许你是一位关爱儿童、关心教育的人，那你一定正为现今许多教育的怪现象而不解；或许你是一位关爱孩子的父亲或母亲，你也一定有着和我这样一个做母亲的人同样的困惑和矛盾。我们都是爱孩子的人，正如龙应台在《孩子，你慢慢来》里写道：“我爱极了做母亲，只要把孩子的头放在我胸口，就能使我觉得幸福。”但在经历了生养的喜悦和痛苦之后，我只能说，爱是不容易的。

爱孩子是人类的一种本能，但对于现代社会做父母的人而言，只是出自本能去爱孩子是不够的。

明朝文学家冯梦龙在《古今谭概》中写了这样一个故事：

翠鸟先高作巢以避患。及生子，爱之，恐坠，稍下作巢。子长羽毛，复益爱之，又更下巢，而人遂得而取之矣。

这个故事翻译成白话文是这样的：翠鸟为了避免灾祸，起初将窝筑在树的高处。后来它孵出小鸟，非常喜爱，生怕小鸟从高处的窝里掉下来摔死，于是把鸟窝向下迁移。过了不久，小翠鸟身上长出羽毛，十分美丽。翠鸟更加疼爱，越发害怕小翠鸟掉下来，就又一次向下迁移鸟窝，移到离地面很近了。这样翠鸟妈妈不用再担心翠鸟掉下来摔死了，可是路过树下的行人发现了美丽的小翠鸟，轻而易举就将小翠鸟掏走了。

翠鸟这样爱着孩子，很多人也是这样。

我曾经碰到过这样一个女孩子。她的父母非常重视女儿的教育，从河北农村来到成都，靠着一瓶一瓶地磨香油供女儿上好的学校，吃好的，穿好的。虽然家里日子不富裕，可是女儿仍然过着像小姐一般的生活。还好，小学期间这个女孩子的学习不错，还是班上的班干部。她的父母为自己的付出没有白费而感到欣慰。可是女孩子上初中以后，情况发生了很大变化。与同学的家庭状况相比，她的心理越来越不平衡，成绩也落后了。有一天，班里的一个男生不经意地问起她："我怎么老是闻到你身上有一股香油味道？你们家是不是磨香油的？"轻飘飘的一句话让女孩子一下子惊慌失措，以为自己的身份被拆穿。她赶忙向那个男同学跪下，乞求他不要向同学和老师拆穿她的家庭状况。第二天，女孩子没到学校，以后她再也没到学校，她离家出走了。她的爸爸、妈妈以及叔叔一家人到处找她，最后她给她叔叔回了个电话，让他告诉她爸爸妈妈："别找我，找到我我也要跳楼自杀。谁让他们是磨香油的呢？"

"别找我，找到我我也要跳楼自杀。谁让他们是磨香油的呢？"设想一下，如果你就是这样一位女孩的父母，听到了这句话，你会怎么想？我想在这个时候，多少父母都会有这样的感慨："天呀！我们是多么爱自己的孩子，可是孩子怎么会这样呢？现在的孩子都怎么啦！"

确实，如今许多父母的付出，并没有能够真正激发孩子的成长，所以有了"可怜天下父母心"的共同感慨。多少父母原本想通过自己的辛苦让孩子过上幸福的生活，可是有时幸福的生活却离孩子越来越远了。这些问题正在成为我们必须面对的现实，尽管这样的面对是让人痛苦的。但是，如果我们一直顾左右而言他，不知道还会有多少父母和孩子生活在互相的不理解、隔膜甚至是仇恨之中。

随着我国计划生育政策的实施，大多数家庭都只有一个子女。人们对儿童期独特意义的认识，让很多人树立了"儿童中心”的理念。人们愿意在孩子成长上投入很多财力和心力，目的就是希望孩子能够过上幸福生活。可是，很多孩子的成长事实表明，来自娱乐、美食和财富的幸福是不长久和不确定的，建立在物质基础上的幸福和满足往往来得快去得也快。每一次物质满足后，都会提高下一次得到满足的阈限，越往后就越需要更大的刺激才可能带来满足感。这样的满足感不仅不稳定，而且常常导致孩子的贪婪，使孩子越来越难以感受到快乐和幸福。

我们到底该怎样爱我们的孩子呢？我们的付出怎样才能对孩子的成长具有真正的意义呢？

爱不是随口而出的一个简单概念。心理学家弗罗姆在《爱的艺术》一书中提出了这样的问题并作出了回答：“爱是一门艺术吗？如果爱是一门艺术，那就要求人们有这方面的知识并付出努力。”在我的这本书里，我想要表达的是，爱是教育的艺术，爱不只是停留于本能层面的欲求，而是需要专业知识并付出努力的艺术；爱也不只是一种简单的情感，更是一种能力和智慧的表达。恰当的爱需要正确的信念和理解，更需要明智的行动。当爱滋润了人的精神并让人健康成长时，爱其实具有和教育相同的功能，爱就是教育。也许爱不具有教育的完全形式，但爱至少是教育中最富有诗情画意之处，也是教育的精髓所在。

当然，这方面的话题早有人涉猎过，而今重拾爱与教育的话题，我以为有着特别的意义。我希望越来越多关注孩子成长的父母通过阅读本书能够越来越理性地看待教育。我不愿意看到天下那么多如我一样的父母困苦着孩子也困苦着自己。现在的教育是需要父母做选择的。这种选择包括要不要花钱为孩子择校，要不要让孩子上各种兴趣班，童年时应该让孩子充分享受童年还是一味让孩子领先在起跑线上等等。在一个价值多元的社会里，几乎每件事情都需要我们作出自我的选择。教育已经没有了唯一的答案，涉及孩子发展的任何决定都在考验着我们对爱的理解。如果这时候父母不能因为对孩子的爱而觉醒，选择做那些对孩子成长真正有利的事情，那他们的孩子很可能在现在的教育氛围中受到很多原本可以避免的伤害。我更不愿意看到本该有着天真、纯洁、进取向上精神的孩子们，因为缺少爱的滋养而变得软弱和疲惫，或者充满邪恶。我想看到一个个欢笑的、勇敢向着远方奔跑的灵动生命能够在爱中成长。

爱就是教育。如果爱，就再往前走一步，想想如何爱并开始行动。我相信真爱孩子的父母可以成为教育孩子的天才。

是为序。

作　者

2007 年秋日于四川师大桂苑

目　录

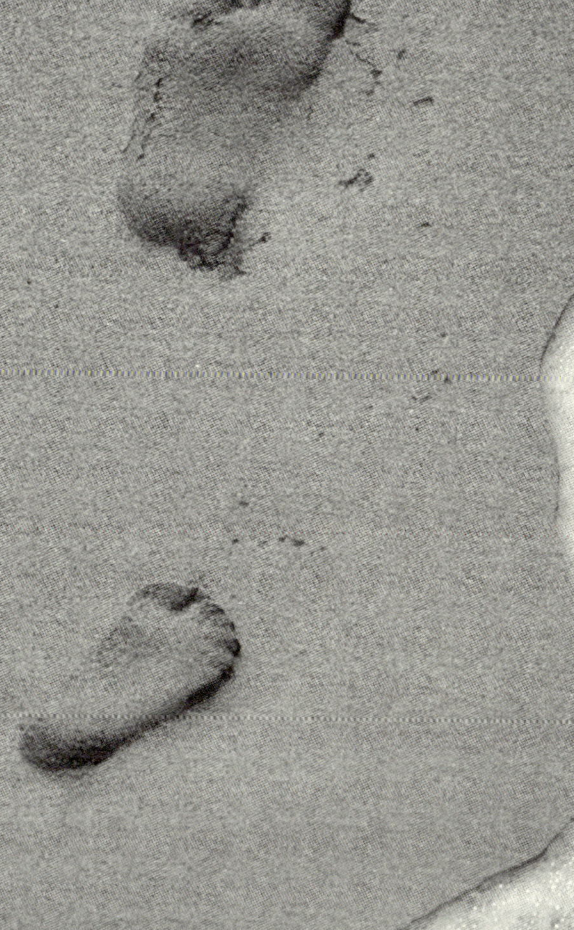

第一篇　教育的困惑

今天的世界一片混乱，人们饱受痛苦，依我看来，就是由于人们未能在家或家庭生活中找到爱。做父母的没法腾出时间来照顾子女，也没有时间彼此关心和分享。缺乏爱是人类痛苦和悲伤的根源。

——诺贝尔和平奖获得者特雷莎修女

1. 没有灵魂的空壳

每学期在我开给全校大学生的公选课上，我都会给学生布置一个作业：写出童年生活中的五件重大事件，并且谈谈这些事件对自己的影响。

我做这件事情是想知道现在的学生是如何看待自己的成长的。我总是认真地读着学生的作业，感受着学生对自己成长的各种情感。有的学生会在交给我的作业里写下自己小时候偷拿别人的东西或者是偷拿自己家里的钱而被父母发现，结果总是被父母痛打一顿，从那以后，他们再也不敢偷拿别人的东西了。一些学生写自己小时候总是听到父母吵架或者是看见父母打架，他们只能用躲进被窝的办法来逃避眼前的现实，致使他们长大后对婚姻没有好的感觉，而且觉得婚姻是件麻烦的事情。当然也有相反的，感受过父母打架、吵架对自己的不良影响后，有的学生发誓说自己以后如果当了父母一定要给孩子一个和睦安宁的家。还有些学生虽然来自贫困家庭，但他们并没有抱怨父母的无能和贫困，而是感受到父母养育孩子的不易和自己成长的艰难，他们对父母充满感激。每年写过作业的学生太多了，我把学生的作业总结为：家庭是各种各样的，无论什么样的家庭都会对孩子的成长产生影响，这种影响或者是好的，或者是不好的。因为看的作业太多，除了脑袋里的一些概括性认识外，这些作业大都没有给我留下深刻的印象。

但有几个学生的作业给我留下的印象却是深刻的。其中有一个女大学生的作业给我留下的印象特别深刻，总在我的心里挥之不去。每当我和一些人谈到教育时，它就会跳出来，就是在写这些文字的时候，它也没有安静过，所以我首先将它写出来，作为这本书的引子。

她是一个漂亮的女学生，这是在她一走进课堂时我就看见了的。虽然我讲课时她从没有做与课堂无关的事，但她没有专注的神情，她的神情看似有点恍惚，所以我断定她的心是乱的。至于她为什么心思散乱，当时我是不知道的，但在看完她的作业后，我才将她美丽但苍凉的外表与她的生活联系起来。

那个漂亮女生写的作业是这样的：

老师，你布置的作业我不想写。

其实，也不是不想，是没有什么东西来写，除了伤心和苦痛（现在心已经在痛了）。

我每天都在“生活下去”和“死去”中挣扎。

父母在我3岁时就离异了。那时我少不更事。他们把我送到四川外婆外公这里。我读小学时一直受到同学的欺负。读初中时又回到妈妈家，那里有“爸爸”（继父）和一个妹妹。“爸爸”从来不会对我多说一句话。妈妈也不给我好脸，因为“爸爸”常常对她不好，她认为是我拖累了她。

我在学校和家里是两个人。在家我连多夹一箸菜都要看大人的脸色。在学校，我活泼过头，尽干些“冒泡”的事情。

老师，我已经快写不下去了，你真是在“考”我呀！平时这个问题我连想都不愿意想。

后来，在社会上认识了一群人，我就几天几夜不回家。学校通知了家长，我被我妈在班主任办公室打了一顿，我的头都被打昏了。后来我哭着跪着求我妈给我转学，我答应她要好好学习。那年我已经17岁。

从高三一直到大二（现在），我都很抑郁，消极厌世，天天想着死，但是又没有勇气死。我的烟瘾也一直戒不掉。我的同学说我“装郁闷”。

我可以说我从来没有受过电视上宣扬的、书上写的那样的教育，在妈妈家里除了无尽的漫骂就是挨打和难看的脸色。

什么是爱?!

什么是亲情?!

什么是幸福?!

我不知道，我从来没有体验过。

你们说我冷血，说我自私，说我这说我那，可你们给过我什么？我除了一张皮囊，里面都是空的。

我每天都被这种空虚折磨着。

……

写到这里，我省略了很多，也不知道写得符不符合要求。

我真的不想写，老师你揭我的伤疤了。

“我除了一张皮囊，里面都是空的。”看过学生的作业，我内心除了心痛还是心痛。她是一个年轻的大学生呀，可以说是现行教育的优秀产品中的一个样品。我曾经无数次地听到一些父母苦口婆心地对孩子说：“你咬咬牙，把这几年苦出去，上了大学就好了。”我也知道许多中学的老师苦口婆心地鼓励着疲惫不堪的学生说：“书中自有黄金屋，书中自有颜如玉。大学等于金钱加美女。”可是看着这些经过万般艰难才上了大学的学生每天却这样在“活着”和“死去”中挣扎，每天都被空虚折磨着，我感到心痛，混乱之中还有些愤怒：这就是我们的教育要追求的吗？越来越多的人考上了大学就表明我们的教育完成了自己的使命了吗？许多人高喊着教育的真正使命是让学生精神生长，可是学生的精神呢？

面对这个学生的控诉："你们说我冷血，说我自私，说我这说我那，可你们给过我什么？"也许有人会回击她说，一个大学生居然说自己是一张空空的皮囊，那她到底还要什么呢？现在的人真是欲壑难填呀！可我们仔细想想，她要的东西多吗？贵吗？"什么是爱?！什么是亲情?！什么是幸福?!"这么多的"?""!"她所要的原本很简单，也是她该要的，是所有孩子都想要的，就是爱和由爱延伸出的幸福。

爱、亲情、幸福，一个生命本该得到的，不需要任何条件就应该得到的，现在却成了奢侈品。

2. "想不通啊，现在还想不通啊！"一个硕博连读的博士自杀后父亲的哭喊

2005 年 8 月 20 日，中国科学院上海有机化学研究所硕博连读的研究生孟懿平静地结束了自己的生命。这个不想活着的优秀学生又一次让我们不得不去思考教育与人的关系。教育如何才能帮助人感受到生命的可贵并让人勇敢地活下去？教育如何才能带给人幸福而不至于面对人的绝望而束手无策？为了让更多的人能够从孟懿的事件中接受一些教训，孟懿的父母将孟懿死亡的有关资料全部公布在网络上。孟懿的死是匪夷所思的，但我还是努力作了我认为合理的分析。

父母眼中的孟懿，从小到大都是标准的好孩子模样，从来没让大人操心过。求学的道路，孟懿一路走来都顺顺当当的。当年儿子拿了化学奥赛奖项，这让父亲孟范武骄傲了很久。在孟懿的档案里，有长长一串"三好学生"、市级优秀学生干部的记录。1997 年，他还被评为省级优秀学生干部。"小学老师到现在都记得他，还经常拿他当榜样，教育其他孩子。"他的母亲如是说。

“想不通啊，现在还想不通啊！”孟懿的父亲孟范武在儿子死后手握遗书不禁哭喊道。他在给儿子的一封信中写道：“孩子啊！如今你不负责任地走了，你给家人带来极度伤心和痛苦。今后你的老爸老妈将在痛苦和悲伤中惨度余生了！孩子啊！你愧对含辛茹苦养育了你26年的老爸老妈和培养你的老师。孩子，你不该啊！你死得实在太不值得啊！——爱你的父亲、母亲。”

但这里要紧的不是父亲母亲如何哭诉，看看孟懿自己对自己行为的解释吧。

孟懿在《给我的父母及亲友》的遗书中对自己的行为作了详细的解释：

> 写在最后的话：首先，我想解释一下，我选择这条道路的原因与任何人无关，也不是感情上出了问题……我由于对自己的极端失望而作出了选择。在精神层面上，我早已崩溃许久了，已经对自己不抱有信心，剩下的除了所背负的责任与义务，没有太多可以留恋的。
>
> 走到今天是我的宿命，我的性格使得我很难逃脱。过于内向且偏执，再加上常常的怯懦与随波逐流，都使得我不太依靠自己的内心，不再相信自己。精神支柱的倒塌只有伴随肉体的毁灭……可以想见，我的选择会有一大堆麻烦事情出现，我只能说对不起，不管你们说什么或做什么，我都选择了逃避……只是希望你们明白，这是我自己最好的选择。
>
> 心里好像没有什么不安，仿佛什么事也没有。倒是有种兴奋，在人生最后的舞台上，能把握其他人的情感，可以预见有人会悲痛欲绝，有人会遗憾，之后就是忘却，仿佛什么事也没有发生，甚至会有一种窃喜的感觉。又进而，一段时间后，在偶尔谈论到我时，会故作姿态地感慨一番，然后若无其事地开着玩笑。人生百态，不一而足。

困了，想睡觉了，啊，这么几天，我还是安静地生活，没有什么激动，也没有什么过激的想法，仿佛将要发生的是一件很自然的事情，就像买个东西、交个钱那么简单。为什么呢？我不知道，在我的心里，生命就那么没有价值吗？真是个极度自私的人啊，睡觉去了。

“生命就那么没有价值吗?”孟懿用这样极端的方式述说着作为一个优秀学生的内心困惑，那么理智！那么冰冷！那么无奈！

其实，生命的意义和价值问题困惑的绝不只是孟懿一个人，这是现代社会中的一个普遍难题。现今人们已经从为生存而奋斗的经历中走过来，正在将注意力从关注自然转移到关注自身。如何解决人自身的问题将是今后科学发展必须面对的一个问题。

当然，想不通的人不仅仅是孟懿的父母，凡是看过这个个案的人，凡是做过孩子父母的人，都不会想得通。

尽管从情感上少有人能够接受这样的事实，但是它却分明在告诉我们，教育还有更艰难的事情需要去做，那就是除了学生的学业成绩以外，还有更重要的内容必须关注：这就是让学生懂得生命的意义。

意义治疗学派的创始人维克多·弗兰克尔说到治愈破碎的自我时，认为我们每个人都有自己内心的“集中营”……作为完整的人，我们必须以宽容和忍耐的态度去对待它。现在如此，将来也应如此。他提出的意义分析观点我很赞同：

生命是有意义的。

我们有寻求意义的意志，这是我们活着的主要动机。

我们有在思想和行动中发现意义的自由。

我们是心灵、肉体、精神的综合体。自我的这几个维度相互依存，关键在于精神；它使我们能够行使意义的意志，正视我们的目标，越过本能与性的需要实现自我超越。

生命的意义既不能模仿，也不能引进。它只能由每个人在各自不同的存在环境中寻找和发现。

教育是培育生命的，它的首要任务应该是去引导学生思考、回答生命的意义。可是，现实中它大多数时候还停留在知识的传授和考试上。因此从全世界范围来看，教育也正面临着极大的挑战，正进入步履维艰的困境。

3. 教育面临的困境——精神萎靡

人类走到现在，进入了一个前所未有的精神孤独和精神困乏的时代。

我多次被一些孩子的父母问到下面一些问题：

> “我的孩子挺聪明的，可是他为什么就不知道努力呢?”
>
> “现在的孩子学习条件这么好，可是为什么就不知道怎么把自己的学习搞好呢?”
>
> “我们对孩子这么好，他怎么就不知道珍惜？我们不要他们将来照顾我们，我们只希望他们能够为自己的前途去奋斗，可是为什么我们这么点愿望都不能得到满足呢?”

是呀，现在的学生为什么会失去成长动力呢？我一直不相信懒惰、破坏、自我毁灭等这些恶劣品性是人性所固有的，我把这些归因为社会文化对个体的压抑和迫害。

生活在现代社会，我们必须学会接受社会现实。所有人都渴望精神上的满足，可是现实情况是只有少数人能够幸运地得到精神上的满足。这些比较幸运的人，能够较为充分地展现自己的才能和本性，更多地实现自己的愿望，体现自己的意志。而更多的人感觉到的是无力和不被社会认可，生活在这个社会群体中却感觉自己没有任何能力掌控和改变周围环境，甚至无法掌控自己的生活。于是多数人精神孤独着、萎靡着，一个明显的表现就是生命意义的缺失和成长动力的缺乏。导致这个问题的原因有广泛的社会以及科学发展的基础。过去的几个世纪，科学带给了社会长足的进步，当科学的发展带给人们更多的物质福利满足和生活便捷的时候，人们就不需要花很大的精力去考虑生存的问题了，因此来源于生存斗争的成长动力减弱了。另外，由于先进的机器和发达的社会结构在带给人更多的便捷的同时，也带给人更多的欲望和欲望的难以满足，这形成了我们过多的对外物的依赖和心理不自由，人们自己能够决定和改变的事情越来越有限，所有人都被纠缠在一起。我们失去的不仅是身体的自由，我们也正在失去对自己的事情做决断的心理自由和能力。

从总体上来看，人类创造了文化，可现在文化却反过来压迫着人自身。当前这种文化表现更为明显的是物质的丰富与生活的丰裕，功利化、商业化、技术化、形式化充斥着整个社会。在一个一切都被物质化的社会里，一切可以当做手段的都被重视，而一切不能成为手段的都被忽略和遗忘。精神已经找不到存在的空间和附着的载体，因此它一定会萎靡。

这样的环境对儿童精神的生长是不利的。

自从来到世间，儿童就在认识世界的同时也在注解生命。如果他们要在成年时具有勇气，他们就必须真实地生活着。如果他们要真实地生活着，那他们在成长过程中就必须完成一项艰巨的任务，去感受和发现生命的意义。注解生命和生命的意义是一个人的终极难题。存在主义哲学家尼采曾经说过，一个知道为什么而活着的人几乎能承受任何怎样活着的问题。

这个问题是一个人终生需要探索的问题，但最好是在早期生活中就能够为回答这些问题准备一些原始的材料，培植一些将来能够积极注解生命的精神种子。

可是如今的一代新新人类，他们的精神萎靡正在成为一种流行的精神疾病。

越来越多的青少年追求物质享受和感官刺激，痴迷于电视和网络，沉溺于电子游戏；一些少年视生命为草芥，对自己的伙伴，甚至对精心呵护自己的亲人暴力相加，他们在伤害亲人、朋友时没有犹豫、没有恐慌，手段残忍，令人发指，而且事后看不见他们的悔恨。他们对自己也一样残酷，他们可以随意用刀割自己的手腕或者将刀架在自己的脖子上。一些青少年找不到值得信任的东西，简单地用价钱代替价值，用偶像代替英雄，用狂欢代替奋斗，只看重眼前不顾及将来。他们走在不知目标的道路上，他们拒绝权威和说教，不想认真学习和工作，希望借助疯狂寻求精神安慰，因而有时故意过着反常的生活，甚至犯罪和吸毒。这一切也并非他们情愿，他们这些荒唐的行为只是告诉人们他们内心很孤独，也很苦，他们因为孤独而苦。

确实，正如前人所说，在各种孤独中间，人最怕精神上的孤独。可是可怕的精神孤独在现今几乎困扰着一切人。

凡是涉及灵魂的事情，人们首先想到的是教育，因为教育已经被模式化为塑造人类灵魂的事业。人们寄希望于教育，希望通过教育使萎靡的精神能够生长。但是人们不知道，或者不愿意承认，处在这个快速变革的时代和社会转型的独特历史时期，教育也难逃功利化、商业化、形式化的文化的影响。现今的教育远离了人的精神家园和生活世界，教给了学生许多参与战斗和竞争的武器，遗忘了人的情感、生命和存在的多样性。最终结果是教育被异化，加剧了人的精神孤独，成为奴役人的枷锁。教育与人的幸福生活背道而驰。

如今的教育空虚得可怕。人们变着法子地折腾，只为了一个分数。学校不再是学生的乐园，而是成了学业的竞技场、成长的战场。一切人在这里都在受伤，师生之情不古，同学之情演绎为防备之心，亲子之情成为奖赏和成绩的交易。一个学生说："老师是干什么的，不就是我们花钱请来帮我们改作业的吗？如果我们不交作业，老师不是白拿我们的钱了吗？"一个学生的爷爷去世了，班上的同学居然集体鼓掌庆贺，原因是这个学生擅长数学的爷爷去世了，再也不能帮助这个成绩优秀的学生补习数学了。一个大学生上大学后心安理得地跟父母要钱，超过父母承受力地花钱，他的理由是"你们说我考上了大学就给家里争了光，如今我让你们如愿了，你们也该让我过点好日子了吧"。

教育如何变得这样空虚呢？静下心来想想，这个问题不难找到一些答案。现今的教育最缺失的是什么？中国这个大国不缺人，物质条件也正在改善，缺失的恰是最不可缺失的东西，那就是教育的根源，那就是情和爱。早在 1924 年，夏丏尊先生将意大利教育家亚米契斯的《爱的教育》翻译至中国，他在《译者序言》里写道："学校教育到了现在，真空虚极了。单从外形的制度上、方法上，走马灯似的更变迎合，而于教育的生命的某物，从未闻有人培养顾及。好像掘地，有人说四方形好，有人又说圆形好，朝三暮四地改个不休，而于池之所以为池的要素的水，反无人注意。教育上的水是什么？就是情，就是爱。教育没有了情爱，就成了无水的池，任你四方形也罢，圆形也罢，总逃不了一个空虚。"

确实，教育没有了情爱，任你四方形也罢，圆形也罢，总逃不了一个空虚。教育就是爱，没有爱的地方，智力就像一根发黄的枯芽；没有爱的地方，品德也没有生长的根基。没有了情和爱，教育最终也必然会被抛弃。

一位语文老师在谈到一名离家出走的学生所写的作文时，谈了下面一些情况：

别的同学写的都是最喜欢、最难忘的一件事，他写

> 的是我最讨厌的一件事——上学。他写道："讨厌死了，见它的鬼去吧，把书扔进高压锅里，用小火煮上一天，拿出来再用锤子砸、砸、砸，再浸入浓氨水、浓硫酸、浓硝酸——用棒球棒打，狠狠地打、摔，送入火炉，烧成灰，最后为它拍照，留作幸福的纪念。"

我不知道什么样的教育会让一个学生对学习痛恨到这种程度，我只知道这样的教育一定不是爱，或者说这样的教育中一定没有了爱。如今对教育的批评已经不少了，教育不能再处于这种令人失望而又被人们喋喋不休的状态，该是回归的时候了。它应该脱去人们为着各种各样的私利和所谓的名誉而给它套上去的华丽外衣，回归其本来的样子，把学生当人看，赋予人以尊严，并且促进生命创造性地生长。

可是教育如何才能促进生命生长呢？什么样的教育又才是饱含爱的教育呢？

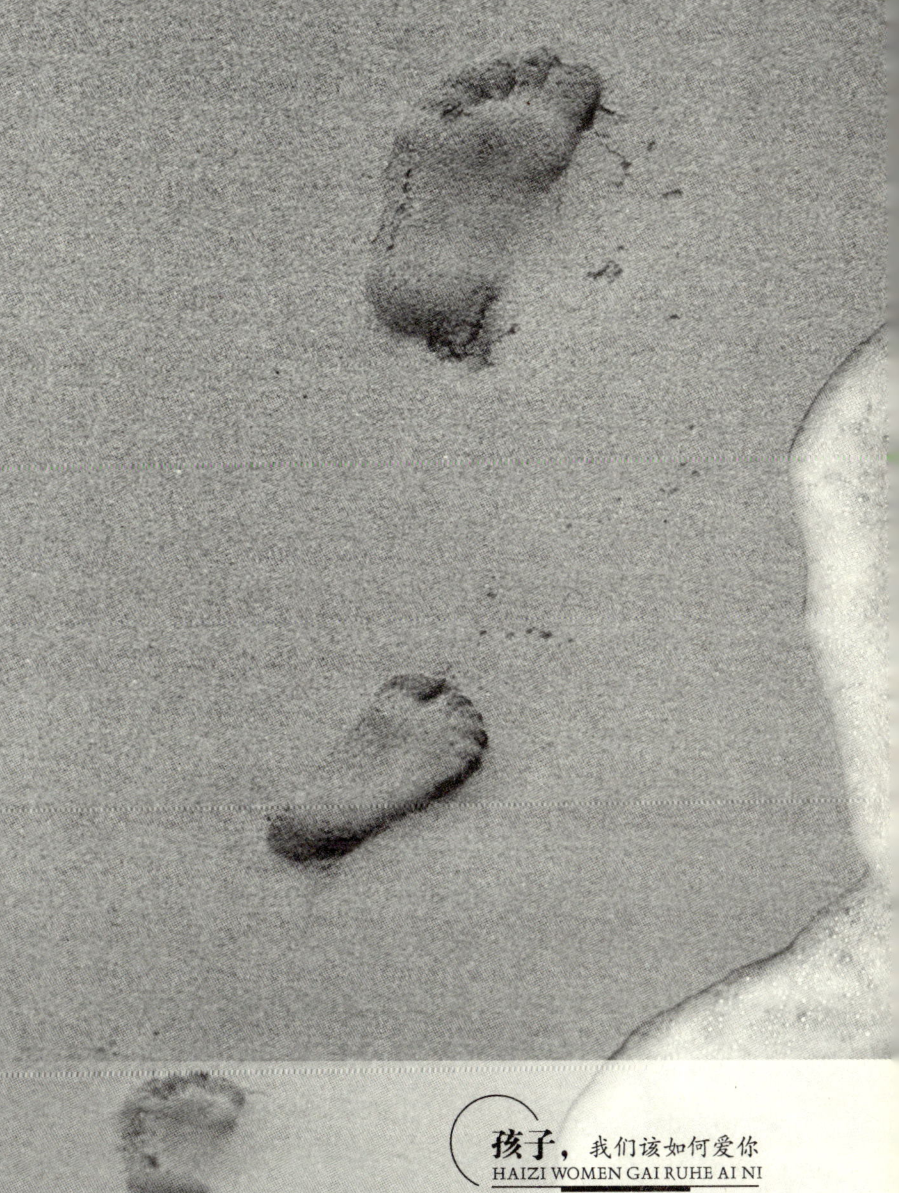

第二篇 爱的发现

爱是真正使人复苏的动力。

——歌德

1. 有爱就够了

爱是语言之语言，意义之意义，是生存的缘由。爱使爱者心里满足。

黎巴嫩诗人纪伯伦在《先知》中论了爱，他说："爱不占有，也不被占有，因为爱在爱中满足了。"

每一个孩子来到世间，都不是他自己要求来的。不是他要求父母爱他，而是父母自己决定要不要爱他，所以，父母不能满足于别的，不能希望孩子成为什么样的人、做出什么样的事，以为这样才对得起自己的付出。当父母对孩子付出爱的时候，当母亲拥孩子入怀的时候，当父亲让孩子骑在自己脖子上的时候，他们不需要想到别的，因为他们的内心已经满足了。

在一个可以自由选择生育的时代，要一个孩子更多满足的是做父母的心理需要。与其说是孩子需要父母的爱，不如说是父母需要孩子的爱，父母和孩子的相互需要已经成为一个不争的事实。成年人不辞辛劳、无怨无悔地为孩子付出，是想通过养育一个孩子来实现自己完整的人生。这些道理起初我也是不明白的，却是一个生活在社会最底层的妇人，帮助我完成了这样的认识和觉醒。

她因为认为自己的女儿有心理问题来找我。

她是我活了近四十年见过的命运最悲惨的女人，可是也算是一个活得最清醒的人。她一来到世间，就没有了父亲。而且她来得不完整，一只腿是瘸的。3 岁的时候，母亲又离开她，她从此失去了生命中最重要的人。她的伯父出于道义收养了她，她从此过着寄人篱下的孤苦日子。她 11 岁的时候，伯父和伯母因为贫穷泯灭了良心，将她卖给一个近五十岁的没有结过婚的男人。一个长期以来欲望没有机会得到释放的壮男人将他的生殖器往一个还没有发育成熟的女孩子的身体里硬塞，塞不进去就打她，不让她吃饭……她受尽欺凌，最后只好想办法逃亡。

她逃到了一个大都市。由于没有文化，身体又有残疾，她只好选择捡垃圾为生。她迎来了她生命中最光辉灿烂的日子。她能靠捡垃圾养活自己。她住在大桥下，用捡来的木板、纸板搭起了房子。她把自己养大了，而且在捡垃圾的过程中碰上了另一个男孤儿，他们惺惺相惜，并且相爱。但他们无法登记结婚，因为他们俩都没有户口，他们没有办理结婚证就生活在了一起。然而生命中的这点亮光如昙花一现，没过多久，当她知道她肚子里有了孩子时，她那个同病相怜的孤儿丈夫却因病无法治疗而死去。

生命为什么这么苦？为什么所有的苦难都找上她，甚至还要带给自己的孩子？她在最绝望的时候面临选择。她要不要这个孩子？周围好心的人劝说她干脆做掉孩子，这样也许她自己还能找一个婆家；如果生下孩子，肯定是不会再有人娶她了。就是这样一个绝望的苦命的女人，她做出了一个伟大的选择，她要做母亲，要将她和那个一生中唯一爱过她的男人的生命延续下去，她要让爱继续。

临产时，她不能去医院，她那点靠捡垃圾的钱不能拿去支付医院的医疗费用，她选择自己给自己接生。当孩子生下来的时候，她用捡来的刀使劲割自己的脐带，但是最终导致了她的伤口感染，她不得不让好心人将她送进医院。

再不是一个人吃饭了，她得比以前更辛苦地挣钱。她每天将孩子背在背上，到处去搜寻着垃圾。有时为了多捡一点垃圾，她甚至越过捡垃圾的群体划分的边界，捡了别的人区域里的垃圾。每当这时候，她都准备好挨一顿打，但她从来都是将孩子抱在怀里让别人打她的后背。女儿两岁多的时候，看见那么多人打自己的妈妈，居然奋不顾身地抱住别人的腿，歇斯底里地喊着：“不要打我妈妈！”

日子过得再难，她都不觉得难了，因为有了女儿。女儿很小的时候，见她生病躺在床上，就会抱着她说：“妈妈，你千万不能死，你死了我怎么办?”女儿很懂事，也很聪明。到了女儿该上学的时候，她却犯了难，女儿没有户口，到哪里去报名呢？她不敢去找民政部门，因为害怕自己没有户口而被赶出城市。她没有办法，等女儿该上学的时候，她就到一所小学门口去等校长，见到校长就给她下跪。女校长出于同情心，收下了她的乖巧孩子。

为了供女儿上学，她除了捡垃圾还去帮佣。因为帮佣，她有机会和女儿一起住进一对老夫妇家里。她只帮助老人做事，不在他们家吃饭，也不收他们的钱。几年后，那对老夫妇死了。临死前，那对老夫妇念着这么多年她不要钱地照顾他们，想着她的可怜遭遇，建议女儿一家将他们不大的房子送给这对母女。就这样，她们终于在都市里有了一个安身之所。

但好景不长，当生活终于向好的趋势发展的时候，她却病倒了，而且是那种不可能彻底治疗好的病。她不想花钱吃药，她也花不起吃药的钱。才三十多岁的她，头发已经掉得差不多了。她不怕死，但放心不下女儿。她最早想到的是临终托孤，想给自己的孩子找一个好人家收养。消息登报后，有一户人家带着一箱子钱来收养她的女儿，条件是今后母女俩不再来往。他们要用钱买断她和孩子的感情。面对那么多可以用来让自己过上一段好日子的钱财，她虽然动心了，但是一想到 11 岁的女儿居然遭遇到和自己同样被卖掉的命运，万一那家人对女儿不好怎么办？谁又能说得清他们买女儿去干什么呢？她最后决定永远和孩子在一起，直到自己生命的最后日子，自己活着一天，就要看护女儿一天。

见面快结束的时候，我和她有一段对话：

我问她：“你后悔养了这么个孩子吗？”

她回答：“不后悔，真的不后悔。”

我脸上表现出更多同情：“你本来够艰难了，她的出生肯定给你带来额外的负担。”

她回答道：“你错了。她从来就不是我的负担。其实在她出生前我就多次想到过死，可是自从有了她以后我从来没想过在她长大之前死。倒是她救了我，我从她身上看见了希望。我的女儿虽然生来贫困，从小受尽白眼，但成绩很好，今年就小学毕业了，而且考上了市里最好的中学。她唯一的缺点是不喜欢和陌生人说话，但她实在是对我很体贴。我爱她，她是我今生唯一的幸福。”

我被这位母亲深深地感动了，眼泪不住地流。从内心里我知道，这些眼泪不只出于同情，还有欣慰、感慨和震动。我已经忘了是她需要我帮助，反而是我从她的身上获益很多。后来我禁不住将这个故事讲给很多人听。那些抱怨孩子的父母听了这个故事后，都在教育孩子的问题上得到启发，那就是我们不应该从孩子身上要太多的东西，他们已经给予我们很多。

爱就是爱，不需要为着别的，爱已经在爱中满足了。

2. 爱对于被爱者而言，是不可缺少的精神营养素

人是自然的人，也是社会的人，更是具有灵魂的人。对于自然的人而言，需要食物来维持机体的生存，供给身体正常活动和成长的能量；而对于社会的人、具有灵魂的人，则需要用爱来使生命滋润，使生命得以鲜活、灵动。爱是个体成长不可缺少的精神营养。

曾经在《读者》上看过一个故事，觉得很特别，就记下了它。

爱是点金术

爱是点金术，一点点爱就会改变许多。

一个颇有爱心的妇人在路边草丛里捡到四只被遗弃的新生小猫。虽然家里已经有一只狗和三只猫，妇人仍然想办法征得了丈夫的同意，收养了这四只小猫。四只猫中，妇人最喜欢“桃桃”，因为它的毛色柔和可爱。但是丈夫迈克的同事很想收养桃桃。妇人面对她喜欢的桃桃，担心如果它不再受到特别的宠爱，个性就会受到影响。后来她又反过来想，她重新从几只小猫中选择一只，给它更多的关爱，它长大了会不会与其他猫有什么不同？于是她开始进行这个有趣的实验。

她继续爱着所有的小猫，同时选择了一只最不起眼的做实验对象。那是一只小黑猫，名叫蝙蝠猫。它毛色暗淡、耳朵皱皱巴巴地耷拉着，身材最瘦小，老是被别的猫挤在最下边，最后一个被抱起来，最后一个吃奶。

她开始了爱的实验。她给它重新取了名字，叫它波士顿。喂奶的时候一遍又一遍地喊它的名字。它会喝啊喝，直到吃饱了美美地睡去。然后它被塞进她的毛衣，这样它随时都能听见她的心跳，它醒来时她会嗅嗅它那小小的身体，跟它说几句话，然后再把它放回篮子里与其他兄弟姐妹们一起玩。

实验很快有了效果。小黑猫曾经混沌、茫然的眼睛变得机敏。很快它就学会了听自己的名字，一听到叫它，就会以最快的速度摇摇晃晃地爬过来。当它和别的小猫一起睡觉的时候，它再也不消极地接受最底下的铺位，而是轻快、坚定地爬到上边去给自己找一个好窝。它第一个学会了呼噜呼噜地叫，第一个又笨又可爱地试图梳洗自己，第一个冒着危险从筐子里试图爬出来，第一个学会乖乖地去讨主人的喜欢。甚至连它的外貌都发生了变化，原来粗糙发暗的毛发变得滑顺而有光泽，最后从鼻尖到尾巴尖都光彩照人。虽然说不上漂亮，但是已经很讨人喜欢了。

其实，小猫也面临着个体生命刚出生时的问题：这是不是一个亲善的世界？这世界的人能不能信任？人们爱不爱我？这时，主人的一点点宠爱就轻易改变了猫的整个世界。

爱确实具有神奇的力量，来自外界的爱如果被生命感受到就能成为一种积极推动生命成长的力量。

3. 爱的科学发现

类似上面的故事是常常可以看见的，但如果没有从科学上得到精确的证实，那这种结论至多是一种泛泛而谈的想法，还不能成为一个有说服力的理论。

幸运的是心理学上已经有了这方面的权威研究。

发展心理学家亨利·哈洛对恒河猴的研究表明婴儿对爱的情感的需求如同他们对食物和水的需要，抑或比它们更强烈。正如哈洛所说："对于婴儿而言，无论是人类的还是动物的幼婴，为了生存，他们必须抓住比稻草更多一些的东西。"

在哈洛的早期研究中，哈洛的猴子在实验室接受精心的人工抚养。研究者用瓶子小心地喂它们，挑选食物使它们获得均衡的营养，并且努力使它们不受疾病的威胁。在这种情况下成长的幼猴比由母猴照顾的幼猴更健康。一切都显示，生活的照料对于幼猴来说是最为重要的。

但是，哈洛注意到这些幼猴有一种特殊的表现，它们特别依恋笼子底部的棉花布垫。当研究者把这些布垫拿去清洗时，它们变得非常生气和焦虑。他还发现出生后一天幼猴便表现出这种依恋，依恋的程度在出生后的最初几个月会变得越发强烈。当把布垫放进去后，幼猴就变得更健康，看起来更加满足、快活。幼猴如果生活在一个没有软垫覆盖的笼子里，即使它拥有非常好的营养和医疗条件，它也无法茁壮成长。于是，哈洛得出一个假设，接触安慰对于个体的健康成长不可缺少。为了验证这个假设，哈洛与他的合作者进行了如下实验：

他们制作了两只代理母猴。一只母猴用光滑的木头做身子，用绒布把它裹起来，在它的胸前安装有一个奶瓶，身体内安装了一个提供温暖的灯泡，这样能够提供舒适的环境。另一只母猴由铁丝网制成，外形与由绒布包裹的木制母猴基本相同，也安装了能够喂奶的乳房，也能提供热量。两只母猴的唯一不同就在于由绒布包裹的木制母猴能够提供接触安慰，而金属母猴缺乏这方面的能力。然后，研究者把这些人造母猴分别放在单独的房间里，幼猴的笼子与两个母猴的房间都是相通的，将 8 只猴子随机分成 2 组，一组由绒布包裹的木制母猴喂奶，一组由金属母猴喂奶。哈洛在 5 个月的时间里记录下了幼猴与两位“母亲”接触的时间。结果发现，所有的幼猴经过前几天的适应后，几乎都整天与绒布包裹的木制母猴在一起，即使那些由金属母猴喂养的幼猴，它们也只是为了吃奶才迫不得已离开由绒布包裹的木制母猴，吃完奶后便迅速地返回到由绒布包裹的木制母猴那里。

为了进一步考察接触安慰的作用，哈洛继续做了一些研究尝试：观察两组猴子的行为特征发现，两组猴子虽然食量同样大，体重增长的速度也基本相同，但由金属母猴喂养的幼猴对牛奶消化不良，经常腹泻。这说明缺乏母亲接触安慰的幼猴可能经历更多的心理紧张。后来，哈洛又在两组猴子的笼子中放入各种各样引发恐惧的物品，比如个子与幼猴一样大的上紧发条的玩具打鼓熊等，结果发现，不管是由绒布包裹的木制母猴还是金属母猴喂养的幼猴，当它们感到害怕时，都很快跑向由绒布包裹的木制母猴，并抱住它以获得安慰和保护。这种反应随着幼猴年龄的增长会变得愈发强烈。

接触安慰之所以这样重要，是因为它带给幼猴安全和放心。一个生命只有在感到安全和放心的前提下，才会对周围环境充满好奇心，才更乐意去探索。哈洛通过继续对幼猴的陌生环境实验发现，当把幼猴带进有由绒布包裹的木制母猴的陌生房间时，所有幼猴立即冲向它，抓住它，用身体蹭它，并摆弄它的脸和身体。一会儿后，这些幼猴开始把由绒布包裹的木制母猴看做安全之源头，它们在陌生的环境里探索和摆弄各种物品。但是，如果把这些幼猴放在同一间房间里，只是由绒布包裹的木制母猴不出现，它们的反应就完全不同了。它们充满了恐惧，出现情绪化的行为，如哭叫、缩成一团、吸吮手指等。有时候，它们会跑到由绒布包裹的木制母猴曾出现过的某一地方，然后尖叫着、哭喊着。在金属母猴出现的情况下，幼猴的行为表现与它们在两种母猴都不出现的情况下的表现完全一样。

哈洛的研究表明，人是不能仅仅依靠乳汁来生活的，人的生长还需要最基本的肌肤接触。哈洛的研究改变了心理科学，因为这以前人们一直以为母亲的喂食对依恋、爱的情感形成至关重要，但是哈洛发现了身体接触的价值。当他的研究被越来越多地传播后，正在改变人们对待儿童的方式。比如，哈洛曾提到一名妇女，这名妇女听完他的报告后，来到他面前说："现在我知道我的问题出在哪儿了，我就像是那只金属母猴。"

科学终究带来了对人的认识上的变化，但现在这些认识上的变化还没有被普通大众知晓并转化为指导他们生活的依据。很多人都在为孩子辛苦地付出。他们总是认为，挣得更多的钱，给孩子提供尽可能好的生活条件，就已经是对得起孩子了。其实当一个人的温饱问题解决后，人们更多的满足不再停留于对物质的追求上。就人的内在需要来说，所有的人都是向往精神的满足的，饥饿的人所渴求的，不单是食物；赤身的人所要求的，不单是衣服；露宿的人所渴求的，不单是牢固的房子。就算是那些物质丰裕的人，都在企求爱、关心、接纳及认同。

对于孩子，物质需要的满足是基本的，但并不是充裕的。物质需要之外，孩子们还渴望拥抱、安慰、激励，甚至更多。

4. 世间为爱而感动

人人都渴望感动，感动是心灵之花的灿烂开放。许多人抱怨现在的人心越来越麻木了，其实情况不是人心越来越麻木，而是真正让我们感动的事情太少了。人们在努力寻求那些能够让人感动的事件，并且开始表达自己的感动。

中央电视台《共同关注》栏目曾经播出这样的一期内容：青海省一位普通山村中学的老师，一位和天下所有母亲一样平凡的母亲，在自己29岁时患了白血病。为了不拖累家人，她准备放弃治疗。这位母亲叫罗南英。她后来对记者说："我生病后，一家人都不好受，所以我就一直没有哭过。"可是她的内心一直在做着激烈的思想斗争："花上巨额的费用，让他们倾家荡产，和我对孩子、亲人的牵挂相比，我宁愿选择自己遗憾地走。"但她放不下对孩子的爱，她要怎样才能让孩子永远体会到母亲对孩子的爱呢？即使是母亲不在世上了的时候。

她选择了传统的写信的方式，她准备用这种方式延续对孩子的爱。正是这些信感动了人们认为早已麻木的心：

鹏鹏，我亲爱的孩子，当你能够独立看懂这些信的时候，妈妈也许已经离开你了。现在咿呀学语的你才3岁，妈妈却不能陪你很久了，可是妈妈多么希望和你在晨曦里、在晚风中嬉戏玩耍，看着你无忧无虑地成长啊！鹏儿，在提起笔的这一刻，妈妈有许多话要跟你讲，希望你能感受妈妈的心。妈妈的心里也许有痛苦，也许有恼恨，但更多的是平静和感恩。

孩子，妈妈对不起你，在你这样年幼的时候就要离开你。但是妈妈会写许多信留给你，在你每个生日到来的时候，让爸爸读给你听，识字以后你也可以自己看。虽然那时我们可能阴阳两隔，但妈妈会在天上看着鹏儿一天天一年年快乐、健康地成长。

鹏鹏：当你读到这封信的时候，应该是你10周岁的生日了。妈妈祝你生日快乐！过了这个生日，你就是个小大人了。你知道妈妈对你最大的希望是什么吗？是希望你正直、善良。生病以前，我和所有母亲一样，也希望给你严格的教育，让你有出息。但现在我最希望你拥有一颗爱心去生活。

……

鹏鹏：这封信是写给你29岁生日的，写信时我心里有种难言的感觉，因为再过几天，也是病中的妈妈29岁的生日。妈妈的一生短暂又平凡，却因为活在爱和被爱里而无憾。在这个无法入睡的夜晚，妈妈有许多话想对你说：孩子，活着就是幸福的。年年岁岁，花开花落，世间万象纷繁变迁，唯一不会改变的就是真诚的爱。

罗南英总共写了13封家信，目的只有一个，生命可以没有，但一定要把爱传给孩子。她说：“我只想告诉他，世间最重要的一个字就是‘爱’，不管是从哪个方面，不管是亲人之间，是朋友之间，还是夫妻之间，我觉得这个字最重要，甚至比他将来的一些什么成就、他的学业更重要。”

就在罗南英和丈夫准备放弃治疗回家的时候，她看到《宁波晚报》登出的“给孩子的一封信”征文活动。就算是给孩子留下的爱的纪念吧，他们决定去试一试。结果发生了连他们做梦也没有想到的事情。罗南英对孩子的爱感动了宁波的人，人们在六天内为她治病捐了60万元，这笔钱已经足够她的医疗费用。当捐款还在不断汇入的时候，她提笔写下了这样一封信：

> 善良的宁波市民，请接受我——一名普通教师、一名平凡母亲最诚挚的谢意！我和我的家人将永远铭记，在宁波这座充满爱心的城市里的所有经历。哪一个人不是在勤勤恳恳地做着自己的工作？哪一个父母不怜惜自己的儿女？而我却因为这样朴素的理由获得了你们的资助和抚慰。感谢你们如此体谅一颗母亲的心！你们送来的不只是救命的金钱，还有浓浓的情意！祝愿好人一生平安！

伟大的母爱唤起了人间真爱，世间因为爱而感动。

世界有什么？有爱！什么东西能够永远长在？万物都会不在，但爱将跨越时空长在。爱是世间万物的目的、意义和核心。

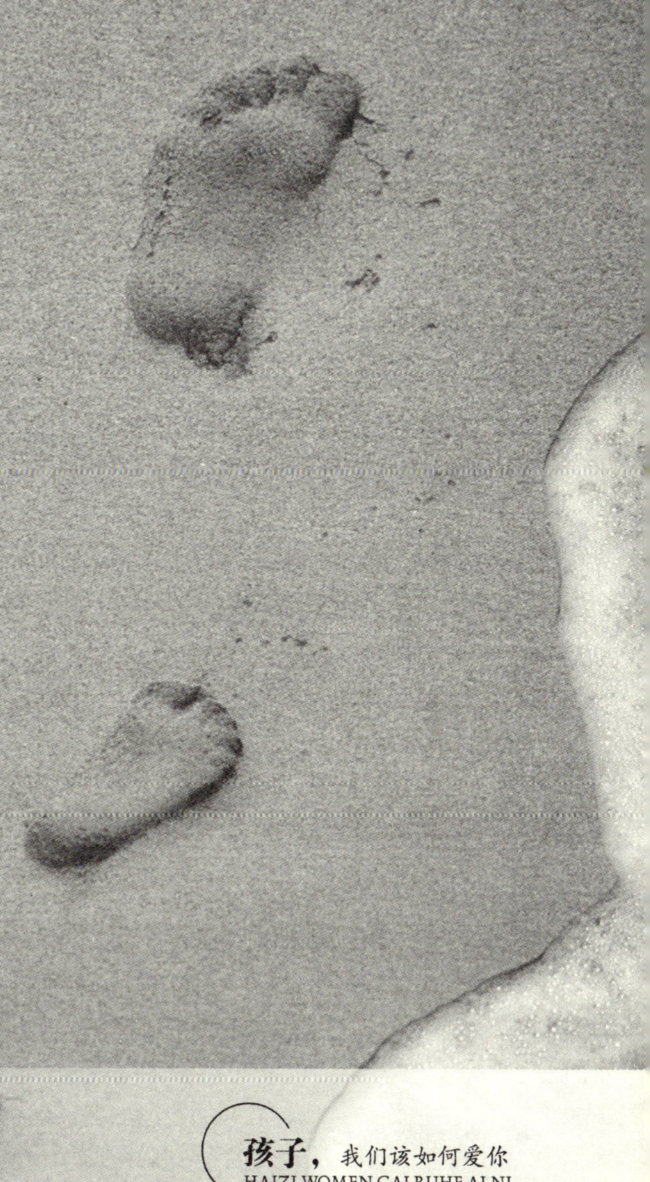

第三篇　被误解的爱

爱如果使人伤心、嫉妒和仇恨，使人沮丧、失望、哀怨和不求上进，那就证明这不是爱，而是一种潜藏着贪婪的私欲的托词。

——本书作者

1. 错位的爱

孩子是父母的最爱，而在一些孩子眼里爸妈却是孩子最烦的人。

我曾经和一位父亲玩过一个心理游戏，叫“人生五样”。

那时候他正为身边的许多事情忙得焦头烂额，而对正在上中学的儿子一点也顾不上。看着他的忙碌和对孩子的内疚，作为朋友，我想让他认识到有些事情他必须做，而有些事情却可以做也可以不做。于是，我和他做了“人生五样”的心理游戏。

我让他闭上眼睛，什么也不想，先将所有的东西都排除到自己的意识之外。然后让他在一张小卡片上画下一个大大的宝葫芦，葫芦里将装满他生命中不能缺少的他最看重的五样东西。那些东西可以是抽象的，也可以是具体的。他仔细地想了想，很配合地在卡片上的宝葫芦里填上了他的人生五样：用不完的钱、相当大的权力、温馨的家、健康的身体、理解自己的朋友。

我理解他的选择，我和他继续游戏，对他说：“为了你的愿望能够实现，带着你的宝葫芦上路吧。你首先必须经过黄金国。黄金国的守卫会对你说，你不能带着太多的东西经过这里，每个人都必须将自己宝葫芦里的东西放下一样才能经过这里。”他在五样东西里挑了一样去掉，我看见他去掉的是“用不完的钱”。然后他继续前进，来到了一个没有国王和军队的权力王国，那个地方只有一个守卫负责守门。守卫对他说：“凡是要经过权力王国的人，必须将自己宝葫芦里的东西拿出一样放弃掉。”我的朋友在心爱的四样东西里面进行权衡，我看见他去掉了“相当大的权力”。现在除了身边的一些人和自己，他已经一无所有。后来他来到了生命王国，生命王国的守卫把守住城门，看见他的宝葫芦，对他说：“经过生命王国的人，都必须将自己宝葫芦里的一样东西拿出来放弃掉。”他在家人、朋友、健康的身体之间犹豫了很久，最后他选择了去掉“朋友”。我知道朋友对他的重要，但我还是能够理解他的选择。我其实已经不忍和他继续做游戏，可他对我说：“继续吧，也许你觉得有点残忍，但我在做出这些决定后，现在有点轻松了。”我知道他已经完全洞悉游戏规则，对他说：“接下去只有健康的身体和你的家人了，你会选择放弃哪一样？”

他最后选择了去掉“健康的身体”，他是一个爱家的人。我虽然觉得游戏到这里可以停止了，但我还有一点好奇心没有满足。我问他：“如果现在把你的父母、妻子、儿子都摆在你面前，你只能留下一个，你会选择谁？”他一点都没有含糊地回答我：“儿子。”

以后我再也没有对人做过这个游戏，因为我已经知道了一个真理，那就是在天下父母的心中孩子最重要。然而在现实生活中，一些父母却迫于生计将孩子丢在一边，或者将精力更多地专注于自己的事业。仔细想来，为挣钱或自己的事业而疏于对孩子的教育，今后无论是他们挣到足够多的钱，还是取得一个颇有重大意义的成功，都不足以弥补他们在教育孩子上的失败。

但是从关系的另一方来看，在孩子的心目中，父母却常常不是孩子的最爱，甚至是孩子最烦的人。

我曾经到另一个朋友家做客。朋友家里的经济条件很好。我被他们盛情款待后，被安排和他们的女儿谈话。这次谈话其实是他们做父母的有意安排，据他们所说，他们的女儿自从上中学后就再不听他们的话了，每次回家后他们总是想方设法打听孩子在学习和思想上的变化，但是处于闭锁期的孩子就是对他们什么也不说。

我和女孩的谈话从她正在听的歌开始：

我：听的是谁的歌？

女孩漫不经心：周杰伦。

我：周杰伦的歌好听？

女孩：一般化。

我：那怎么听得那么认真？

女孩：不是认真，是无聊。

我：说点别的吧，大家现在都无聊。

女孩：你想说什么？

我：说说你妈妈。

女孩：最烦了。

我：为什么？

女孩：唠叨啊唠叨，太唠叨了！

我：那还不是关心你？

女孩：是关心，可是这是关怀强迫呀！

我：什么是关怀强迫？

女孩：你怎么会不知道？

我：真的不知道。

女孩：就是时时、处处，不管你需要还是不需要，你都被关怀。

我：这叫关怀备至。

女孩：可是我感觉喘不过气来。

我：你觉得你真的不需要父母关心吗？

女孩：还是需要的，只是他们关心不上。

我：比如？

女孩：太多了，学习呀，和同学的关系之类的。

我：有没有什么迫切需要帮助的？

女孩：暂时没有。

我：既然这样，那我就要停止和你的谈话了。

女孩：为什么？

我：因为我不想关怀强迫。

女孩：你很明智，以后如果有什么问题需要帮助，我会让你知道。

因为知道她暂时没什么需要特别帮助的，她的问题也都是中学生的一些常见问题，我适可而止地结束了和她的谈话。后来我将谈话内容的部分讲给了她妈妈听，并且简单地向她介绍了中学生的一些心理特点。她觉得很委屈。

女孩的妈妈：这个挨千刀的，我对她多好啊！她怎么能这样说呢？

我：有多好？

女孩的妈妈：她没有考上重点中学，我们花高价让她进去；她看上的衣服两千多元钱一件，那么贵的衣服我都舍不得买，可是只要她需要我就买给她；每个周末，她爸爸都用车去接她回来，我就在家给她熬汤……

我：没想到自己付出那么多，结果却是最烦的人。

女孩的妈妈：是啊，平日里话都不跟我多说几句，你说，我们怎么做才能讨到她的好呢？

爱孩子真的不是一件容易的事情，稍不留神，就南辕北辙了。

2. 孩子要什么就给什么，这不是爱是什么

孩子是父母的最爱，可是为什么在许多孩子心目中却并没有感受到来自父母的爱呢？在那些口口声声说着“孩子，爸爸妈妈爱你”的父母心中，他们到底把爱看做什么了呢？

借着一次到小学给学生家长作报告的机会，我向几个家长提问：

我：你们爱孩子吗？

家长甲回答：爱。

我：真的吗？

家长甲：什么都有可能假，这一点不会假。天地可以作证。

我问：那你们爱到什么程度？

家长甲回答：要多爱就有多爱。

我茫然。

家长乙回答：爱到心尖尖上。

我还是茫然：心尖尖是什么样子？

家长丙（男性）有点不耐烦：他要什么就给买什么，不让他吃苦，不让他受累，什么时候都首先考虑到他。这不是心尖尖是什么？

这就是对孩子全部的爱吗？

著名教育家马卡连柯断言：“一味抱着慈悲心肠为儿女牺牲一切的父母，可以说是最坏的教育者。”

法国著名思想家卢梭在他的《爱弥儿》中这样写道：

你知不知道用什么办法准可以使你的孩子受到折磨？这

个办法就是：一贯让他要什么东西就得到什么东西。因为有种种满足他的欲望的便利条件，所以他的欲望将无止境地增加，结果使你迟早终有一天不能不因为力量不足而表示拒绝。但是，由于他平素没有受到过你的拒绝，突然碰了这个钉子，将比得不到他所希望得到的东西还感到痛苦。起初他想得到你手中的手杖，转眼之间他又想要你的手表，接着他又想要空中的飞鸟，想要天上闪烁的星星。他看见什么就要什么。除非你是上帝，否则你怎么能满足他的欲望呢？

2005 年 3 月 11 日下午，南京大学逸夫馆的公告栏上不知何时贴了两张信纸，那是一封署名为“一位辛酸父亲”的人给大学生儿子的公开信。这封信的内容引发了大学师生的热烈讨论。

信是这样写的：

亲爱的儿子：

尽管你伤透了我的心，但你终究是我的儿子。虽然，自从你考上大学，成为我们家几代里出的唯一一个大学生之后，心里已分不清咱俩谁是谁的儿子了。从扛着行李陪你去大学报到，到为你挂蚊帐、缝被子、买饭菜票甚至教你挤牙膏，这一切在你看来是天经地义，你甚至感觉你这个不争气的老爸给你这位争气的大学生儿子服务是一件特沾光特荣耀的事。

你考上大学，你爸妈确实为你感到骄傲。虽然现今的大学生毕业了也不一定能找到工作，但这毕竟是你爸妈几十年的梦想。我们那阵，上大学不是凭本事考，而是要看手上的茧子和出身成分，有些人还要用贞操和人格去换，这也就是我们以你为荣的原因。然而你的骄傲却是不可理喻的。在你读大学的第一学期，我们收到过你的三封信，加起来比一封电报长不了多少，言简意赅，主题鲜明，通篇字迹潦草，只一个“钱”字特别工整而且清晰。你说你学习很忙，没时间写信，但同院里你高中时代的女同学，却能收到你洋洋洒洒几十页的信，而且每周一封。每次从收发室门口过，我和你妈看着你熟悉的字，却不能认领你的信。那种痛苦是咋样的，你知道吗？

你读二年级后，我们的这种痛苦煎熬逐渐减轻了。据你那位同学说，是因为你谈恋爱了。其实，她不说我们也知道，从你一封接一封的催款信上我们能感受到，言辞之急迫、语调之恳切，让人感觉你毕业后大可以去当个优秀的讨债人。

当时，正值你妈下岗，而你爸微薄的工资显然不够你出入卡拉OK、酒吧、餐厅。在这样的情况下，你不仅没有半句安慰，居然破天荒来了一封长信，大谈别人的老爸老妈如何大方。你给我和你妈心上戳了重重一刀，还撒了一把盐。最令我伤心的是，今年暑假，你居然偷改入学收费通知，虚报学费。这之前，我在报纸上已看到这样的事情。没想到你也同时看到这则新闻，一时间相见恨晚，及时娴熟地运用这一招，来对付生你养你的父母亲。虽然得知真相后我并没有发作，但从开学到今天，两个月里，我一想这事就痛苦、失眠。这已经成为我的一个心病，病根就是你——我亲手抚养大却又感到陌生的大学生儿子。不知在大学里，你除了增长文化知识和社交阅历外，还能否长一点感恩之心？

一位辛酸的父亲

我最初是从《心理医生》杂志上看到这个案例的，后来又在其他地方多次看到这个案例。如今类似这样的事已经很多了，比这位孩子更不懂事的孩子也还能找到。比如：

甘肃省天祝藏族自治县东坪乡51岁农民陈邦顺靠卖血供儿子上大学。为了多卖血，他假造了6个献血证。4年来，供给儿子书费、学费、生活费共计6.35万元。儿子虽然知道父亲是卖血供自己上学，仍然不停地来信要钱。他在信中写道："我的衣服和鞋旧了，需要200元；我想买电脑，已借了1 800元；今后3个月的生活费3 000元；'五一'放假要出去旅游，班上要收班费100元……"

内蒙古某钢铁厂一对夫妇收到在北京读大学的儿子的信，怀着欣喜和兴奋之情打开信，在大大的一张白纸上，没有对爸妈的问候，没有关于自己在外生活的片言只语，只有一个大大的问号。原来是给儿子的生活费父母上个月寄晚了。

这就是父母辛苦付出应该得到的结果吗？孩子成长过程中需要一定的物质给予和生活照料，但是如果只停留于物质给予和生活照料上则是不够的，这样会限制孩子的视线，让他们的眼光只停留于物质满足上。这种情况在国民生活日渐丰裕的我国正在成为社会现实。许多正做着父母的人，因为自己童年时曾经受过许多苦，因此陷于对物质财富的迷恋中，并且用这种经验和出发点来解读现在的孩子。殊不知现在的孩子已经和我们这些做父母的人生活于一个完全不同的时代，这个时代要求我们越过物质福利看到物质福利背后的更多深刻的东西，否则我们就会陷于物质主义对物质的追求中，不知道自己到底要什么，结果所有的得到都不是得到，所有的拥有都不是拥有，我们的眼睛永远会越过我们现有的东西而指向那遥不可及的未来。

因为父母错误的爱，许多人变成了欲望的奴隶。

3. 勤劳的父母偏偏养育出懒惰的孩子

一位远房亲戚打电话来诉苦，说孩子不想上学了。她说了很多，大概意思就是，孩子挺聪明，老师也说他只要努力成绩肯定不会像现在这么差。她最后的问题我记得比较清楚，而且觉得很难回答。她问我："你说父母是孩子的榜样，可是在我们家我和孩子的父亲都是别人眼里的勤快人，为什么我们的孩子却什么也不愿意做呢？不愿意做家务也就算了，现在他连学习也不想努力了，你说该怎么办?"

其实我已经多次被这样的问题考问过。父母是勤劳的人，或者是不勤劳的人，其实都有两种结果：孩子可能是勤劳的人，也可能不是勤劳的人。父母的勤劳不一定必然成为孩子学习的榜样。家庭系统中还存在着一种互补关系，即勤劳的父母恰巧和懒惰的孩子成为一个稳定的系统。如果父母因为勤劳而包办了孩子的劳动，如果父母的勤劳不是体现在教会孩子也勤劳上，那父母的勤劳就不是孩子学习的榜样而是对孩子成长机会的剥夺。

著名教育家蒙太梭利在《"儿童之家"的教育方法》中写道：

> 我们习惯于服侍小孩，这对他们不仅是一种奴化，而且也是危险的，因为这很容易窒息他们自发的活动和独立自主意识，扼杀他们十分有益的主动性和创造性。我们倾向于把孩子当木偶，给他们洗，给他们吃，好像他们是布娃娃；我们总是不停地认为孩子不会做事，不知道怎样做。然而，他们确实必须会做一些事。大自然赋予了他们可以进行各种活动的身体条件，也赋予了他们智慧，他们可以学会怎样进行这些活动。我们对他们的责任在任何情况下都是帮助他们去完成自己应该完成的有益活动。母亲喂孩子时，一点也不教他如何自己拿匙，怎样将食物送进嘴里，母亲也不示范给孩

子看如何吃东西，这样的母亲不是好母亲。她冒犯了她儿子作为人的基本尊严，她把他当成了玩偶。然而，孩子是大自然托付给她照料的人。谁不知道，教孩子自己吃、自己洗、自己穿衣，比喂孩子吃、替孩子洗、替孩子穿衣更是乏味，更加困难，更需要有耐心！前者是一位教育者的工作，而后者只是一个仆人的简单工作。这样做对妈妈比较容易，然而对孩子很危险，因为这会堵塞孩子的生命发展的道路，在这条路上设置障碍。

事实真是这样啊！

又一位母亲因为孩子而伤透了心。一个人辛辛苦苦地把孩子养大，原本以为儿子大了自己就有了依靠，没想到大学毕业的儿子既不去找工作，也不承担自己的生活费用。更增加母亲负担的是，他还带回来一个同样游手好闲的女朋友。母亲觉得太累了，于是去咨询心理问题专家。

专家：孩子第一次系鞋带的时候，你是怎么对待的？

母亲：他动作太笨了，半天系不上，从那以后我没再给他买有鞋带的鞋。

专家：孩子第一次洗碗的时候，弄湿了衣服，你是怎么对待的？

母亲：我觉得他还太小，尽给我添麻烦，从那以后我不再让他走近洗碗池。

专家：孩子第一次整理自己的床铺，整整用了一个小时，你嫌他笨手笨脚的，对吗？

母亲点了点头。

专家：后来他在学校，偶尔和小朋友有了麻烦，每次都是你出面帮他搞定所有的问题。

母亲吃惊地看着专家。

专家：后来孩子大学毕业了去找工作，他并不着急，而你却动用了所有的关系和资源。

母亲从椅子上站了起来，凑近专家问：你是怎么知道的?

专家：从那根鞋带知道的。

母亲：以后我该怎么办?

专家：当他生病的时候，你最好带他上医院；他结婚的时候，你最好给他准备好房子；他没有钱，你最好给他送钱去。

母亲：我不想这样，就是不想这样，我才来求助。

专家：那就从他帮你系鞋带、吃完饭后洗碗开始吧。

现在在一些家庭里，父母为孩子做得太多已经是不争的事实。你随便可以问问身边见得着的孩子和成人，现在在家里做家务的孩子真的是少之又少了。家庭对孩子的过分关爱和限制正在成为孩子成长过程中的温柔陷阱。在孩子还是比较幼小的时候，他们不允许孩子用自己的方法去发现自己的能力，而是怀疑他们的能力，限制他们的发展。孩子们总是想干点什么的，好奇心驱使他跟在大人后边，大人做什么，他就做什么。可是，大人们却不停地向他们泼冷水，让孩子失去了发展自己能力、体验自己能力的机会。比如，当 3 岁的孩子要帮妈妈收拾桌子，把碗碟送进厨房时，我们通常对他说："乖乖，你会把碟子摔坏的！快放下，让妈妈来。"当孩子试图自己穿衣服、穿鞋子时，妈妈通常对孩子说："来，妈妈给你穿，你穿得太慢，还经常把左脚的鞋穿到右脚上。"当孩子试图自己吃饭时，妈妈对孩子说："来，妈妈喂你吃，看你把衣服弄得多脏。"再后来，当孩子背着书包上学后，每天上学放学时，学校外面都站着许多爷爷奶奶等着帮助他们的孙子孙女背书包，把他们接回家。成年人享受了在孩子面前的能干感觉，但是付出的代价就是我们的孩子在变得越来越无能。

孩子们现在在家里干家务劳动少几乎是一种普遍现象，我想这还是基于一些错误和落后的认识。很多时候，不是家里没有家务可做，也不是孩子本身不愿意做，而是孩子根本没有机会去做。很少有父母认识到劳动的价值，因为在他们自己的心目中，像干家务这样的体力劳动简直是毫无价值，甚至是一件丢人的事。一些突然富裕起来的人常常认为，我有钱我就要享受别人给我提供的劳动，因为那样才能够体现自己的发达和光荣。

我们的文化自古崇尚勤劳俭朴，但令人遗憾的是这些东西正在成为古董。生活在这样的环境中的孩子难以真正体味到运用身体活动、运用双手劳动带给人的基本快乐。也许到有一天，人们真正明白了什么是真正的快乐和幸福，我们的教育就会有大的改变。

4. 9岁女孩的节日愿望："我想变成一个废物"

如今孩子没有那么多家务事做该多么轻松呀！想想过去很多人，因为从小要帮助父母养家糊口，在过于幼稚的肩膀上就压上了不该承受的那些生活重担，许多成年人都为孩子生活在现在这个轻松、许多基本家务都被家长代劳的时代感到庆幸，甚至有点嫉妒。

但孩子们真的感到了轻松吗？

成都市万年场某小区内一个名叫乐乐的9岁女孩，小学二年级学生，家庭条件在成都市算中等偏上水平。2005年5月29日，一个儿童节快要来临的日子。早上，妈妈问孩子："儿童节要到了，过'六一'你想要啥子？"9岁的女儿半闭着眼睛打着哈欠说："我想变成一个废物，啥子都不用做了……”妈妈听了以后心里很难过，因为这已经是女儿第二次表达出这样的心愿了。第一次是在“五一”假期中，女儿想出去玩，但妈妈却要乐乐在家复习英语。当时妈妈很不高兴，女儿立刻捧起了英语书求她原谅。她跟妈妈说：“你不要生气嘛，你把我变成电视里的废物，这样我就啥都不用学习了，也不让你生气了。”

提供这个个案的《天府早报》记者与孩子的妈妈是朋友。听她朋友说到这件事后决定将孩子的经历写出来，想通过这件事引起大家对教育的关注和思考，于是她亲自去考察了乐乐的生活。在去辅导乐乐琵琶的老师家的路上，记者和二年级的乐乐随意聊起来：

“要到‘六一’了，想到哪里去玩啊?”

“没时间。”乐乐几分老成地说。为了证明自己的确很忙，她一本正经地掰着手指背起了自己的周末课程表：

星期五	星期六	星期天
上午：上课	8：30～12：00 语文、数学班	9：00～11：00 琵琶
15：30 放学	13：00～15：00 外教英语	下午：家庭作业
16：00～18：00 剑桥英语	16：30～18：00 本地教师英语	
18：30 -21：00 民族舞	18：30～21：00 拉丁舞	

“你为什么想变成废物呢？废物就不能穿漂亮衣服了。”

“废物什么也不用做，”乐乐说到这里，看了一眼妈妈，继续说，“妈妈就不会生气失望了。”

“是不是不想再学英语、琵琶、舞蹈了？不喜欢了是吗？”

“喜欢。他们（同学）都在学，不学他们要笑我，好没面子哦。”说这些话时，乐乐没有任何表情。

“学那么多东西，累不累啊？”

“想睡觉。”

后来记者采访了孩子的妈妈。

孩子的妈妈方女士说，她知道孩子累，也心疼孩子。孩子好多次晚上 9：30 后才能回家吃饭，躺在床上对妈妈说：“妈妈，我好累啊！做人好难哦。”每次孩子说起这些时，眼睛里就有泪。

然而这一切，做母亲的除了心疼，只有无奈地坚持。她说：“不是我要逼孩子，而是社会竞争这么残酷，光靠学校里学点东西是根本不够的。将来孩子要想考一个好的中学、好的大学，这些特长都可以帮她加分。要想孩子将来出人头地，现在必须打好基础，不能让孩子输在起跑线上。我们做这么多，不就是为了孩子有一个好前程吗？”

最后，她提了一个问题：“如果说是我逼了孩子，可是我又是被谁逼的呢？”

父母爱孩子各有各的方式，但有一点是相同的，他们都希望孩子有一天能出人头地。为了让孩子将来能够出人头地，他们比孩子更紧张，更努力，更抓紧分分秒秒。为了那遥远的将来，孩子们失去了生活中应有的快乐。

“千万不要让孩子输在起跑线上”已经成为人们的口头禅，现在许多这样的宣传让人们身受其害。他们利用了人们的浅见和无知，从中赚取了利益不说，更是给人们带来了痛苦和灾难。

对于一个生命而言，到底什么是最重要的？如果我们希望得到的东西很多，而当要得到的东西又相互矛盾着的时候，我们该如何作出鱼和熊掌的选择？教育是需要很高哲学智慧的事业和生活，因为它面对太多的哲学问题，诸如人是什么？人如何活下去？生命的意义是什么？人生到底是什么？人的一生到底该如何度过？……

赢在起跑线上就真的那么重要吗？这取决于我们对人生如何看。人生到底是什么呢？可能不同领域的人有不同的看法。因为起跑线是一个与体育运动有关的词汇，所以我们也借用体育运动的名称来比喻人生。如果人生是一场百米冲刺，那么起跑对人生是否成功确实很重要。但是如果我们把人的一生理解为漫长的马拉松，那么瞬间的起跑就没有那么重要了。我倒更愿意把人生看做长长的马拉松，我们可以陪着孩子慢慢地走过来。人生的终点没有什么美景，何必急于奔跑到一个穷途末路的地方去守候绝望呢？

一个9岁的孩子在母亲精心铺就的走向未来的路途上，像蜗牛一样地向前爬行着。她在艰难的爬行中，丧失了快乐！丧失了希望！丧失了斗志！这就是孩子的好前程吗？这也算是为孩子好吗？这也算是爱着孩子吗？

那些类似乐乐妈妈的父母们，醒醒吧！快乐也是成长向上的动力，一个在幼小的时候就感受到生命无奈和绝望的人怎么可能在人生的漫长过程中收获成功和希望呢？

哲学家约翰·杜威这么说过："成长、完善和进步的过程，而不是结果，才是真正具有意义的东西……完善不是最终目标，完善、成熟、精益求精的不懈过程才是生活的真谛……成长本身是唯一的目标。"

也许这些哲人智者的话能够帮助我们看清楚一些问题，生命苦短，最好和最悲惨的结局其实一样，重要的还是生命的过程。

5. 我打你骂你，都是为你好啊

“打是心疼骂是爱”是流行在我国民间的至理名言，常常也是教育的法宝。但过去被认为是正确的东西，现在却在遭遇着新的一代人的反抗。打骂正在成为最糟糕的教育方式，它不仅让孩子感受到家长的无能，而且也直接让孩子感受到当一个人不能实现他的愿望时，打骂可以成为一种代替满足的方式。

曾经在《成都商报》上读到这样一对父子的故事，父亲爱孩子爱到了骨子里，但他的爱却使自己的孩子离家出走了。

父亲赵芝品曾在沈阳某部队文工团服役，拉得一手好提琴，但直到转业也没能登上首席小提琴手的位置。1985 年，儿子赵江山呱呱坠地。从此，赵芝品将全部心血都倾注在儿子身上。3 岁半时，小江山开始跟爸爸学小提琴，学得轻松自如，进步很快。5 岁时就被誉为“提琴神童”。但是他后来的学琴慢慢变了味。

1995 年下半年，赵江山在小学四年级全区期末会考中获得了第一名的好成绩。可父亲一看就火了：“考第一名能当饭吃？不把琴练好顶个屁用！”伸手就给儿子一巴掌，小江山号啕大哭。

1996 年，赵芝品执意让品学兼优的儿子放弃学业，跟随他先到南充再到成都学琴。父子俩一个打工，一个卖艺，维持着昂贵的学费，过着艰难的求学生活。赵江山每天只休息不到 6 小时，就是这样，父亲还是觉得他努力不够。一天，赵芝品回家，看见儿子在看电视，抬手就给儿子一耳光。小江山哭着说：“我下巴和手指都练起了厚厚的趼子，颈伸不直，难道就不能休息休息？”

据赵江山的母亲说，就在儿子顺利通过小提琴八级考试那天，父亲当着老师的面责令他跪在地上，一边打他一边骂道："你对音乐的内涵表现不够，蠢得就像一头猪一样……"儿子呆呆地跪着，任凭泪水流着。

1998年元月，赵江山揣着仅有的100元钱离家出走了。12天后，以乞讨为生的小江山被送了回来。1998年11月21日晚，13岁的赵江山再次不辞而别。为了找寻儿子，赵芝品跑遍了大半个中国，北京、海南、西藏、广东等，饥一顿饱一顿，形同乞丐。万般无奈之下，年过花甲的父亲只剩下最后一个愿望："无论江山在哪里，我只要他活着。"后来，《知音》杂志登出了赵芝品的真情故事，小江山从那里知道了和姐姐联系的电话号码。失踪5年的小江山打电话给姐姐，他只告诉姐姐："你们不要找我了，我过得很好。老爸把我打跑了，我不回来。"

这样的父亲，为了孩子什么苦都可以吃，什么罪都可以受，你能说他不爱孩子吗？当他一巴掌一巴掌打着孩子时，他哪里是在打孩子，分明就是一巴掌一巴掌地在掌自己的心啊！尽管这样，我还是想说，他真的是不爱孩子的，在他的心里，儿子的感受不重要，父亲没有实现的愿望才是最重要的。

6. 爱也伤人

世间没有一样东西只有好处，没有坏处。任何事物超过一定的限度都会走向事物的对立面。

爱也不例外。爱如果是教育，那它就和教育一样，在具有塑造和引领作用的同时，也具有摧毁人的作用。

1987年，青海省的夏斐因为学习成绩没有达到母亲的要求而被母亲活活打死。

按理说，夏斐是个不错的孩子，聪明文静，学习优秀，一直是学校的“三好”学生，当过中队长和学习委员。可是，夏斐的母亲也不是一个坏母亲。为了孩子上学，母亲不惜辞掉临时工的工作搬了家。为了让孩子的学习能够领先，只有初中文化程度的她自学当起了孩子的家庭教师，夏斐所有的课程都是先在家里听母亲讲过后再到学校里听讲。母亲对孩子的辅导从不厌烦从不马虎。至于吃穿方面，她更是从来没有怠慢过孩子。夏斐喜欢吃水果，在家里经济状况不太好的情况下，她依然是大包小包买回来给夏斐吃，而自己却从来舍不得吃一口。她从不让孩子干家务活，只希望他学习。但就是这样一个深爱孩子的母亲，对孩子的学习要求却严苛到了残酷的程度。孩子偶尔不能按时完成作业、做错了题、练习本不整洁、考试成绩差了、出去玩一玩都会成为母亲打他的理由。夏斐经常被母亲打得脚迈不过门槛，手肿得无法翻书，只好用舌头一页页舔着翻书。最后一次毒打发生在1987年12月底，夏斐期末考试语文79分，算术82分，这次全班只有13个学生两门课都及格，夏斐的成绩虽然在班上名列前茅，但是远远没有达到母亲两门课都必须95分以上的标准。孩子知道一场毒打在等着他，被逼无奈，只好撒谎。可是，母亲已经早早地知道了孩子的成绩，她剥光了孩子的衣服，用巴掌、拳头、竹棍、木板，打了孩子三个半小时。

孩子死了，母亲也没有独活，她选择了自杀来表示她对孩子的愧疚。她在遗书上这样写道：“我后悔不该望子成龙心切，后悔对他的学习、成长要求过高……”

夏斐之死不是一件偶发事件。在这件事情后，许多类似的事件依然不断地发生。其中典型的有因成绩不佳被父亲绑吊致死的“夏辉事件”，因学习不用心被父亲踢打致死的“王小川事件”，3岁孩童因一句唐诗背不出被父亲一脚踢死的“胡丹丹事件”，而且有了因不堪分数和学习的重负而杀死自己父母的“李彬事件”和“徐力事件”等等。令人不解和痛心的是，这些事件都因爱而生。

然而许多父母就是到孩子临死之时，他们也没有觉察到他们的爱带给孩子的灾难，不能意识到爱与教育一样，是一把双刃剑。对一个个体生命来说，具有培育的力量，也具有扼杀和毁灭的力量。爱如果使人伤心、嫉妒和仇恨，使人沮丧、失望和哀怨，使人失去了成长的精神力量，那就证明这不是爱，而是一种潜藏着贪婪的私欲的遁词。在这种情况下，父母对孩子的至爱，恰是对孩子最深的伤害。

7. 父母之爱，何以疼痛

我的学生不断地将他们认识的、关心的有问题的儿童送到我面前，他们这么做不仅表示他们对身边的现实很关心，而且希望能够看见如何运用所学的知识去解释和解决我们身边出现的问题。

有一天，一个不回家的中学生就因为这样的原因坐在了我面前。

我：爸妈带你到这么远的地方来，你是怎么想的？

她小心地回答：我爸我妈拿我没办法，想找个人来对付我。

我说：我可不想对付你，我不想对付任何人。我是想听听你对你爸你妈的看法。

她说：一句两句说不清楚。现在我才不管呢，即使我不按他们说的做，他们也拿我没办法。他们不准我交朋友，我就自己去找；现在我不喜欢读书，我就不读了；以前他们逼我，现在他们再也管不了我了！我的男朋友就对我很好，他什么都不管我，和他在一起我觉得很开心。明年我就16岁了，可以领身份证了，有了身份证我就可以找工作挣钱了！我就自由了！现在他们不准我出门，把我关起来，我总有一天会逃出去，逃出去我就不再回来！我的家就像个监狱，简直是人间地狱！

我不知道什么样的家被这个孩子称为人间地狱，我想知道爸爸妈妈做了什么让一个孩子对家这样诅咒。

我对她说：在你眼里，他们像恶魔？

她说：说句良心话，他们也怪可怜的，他们为我做了很多，可是我恨他们。从小，我爸我妈就把我定位于别人眼里的好孩子，他们对我要求非常严格，什么事情都为我安排好。甚至到了中学，我从来没有机会为自己选择生活必需品，在所有的问题上我几乎没有自己的意见。每天，妈妈都会告诉我今天要做什么，时间应该怎样安排，连上厕所的时间妈妈都给我安排好了。她什么时候检查作业，我什么时候回家、什么时候起床等等，都在她的规定范围内。我从来没有朋友，没有一个能谈心的人，不是我不喜欢交朋友，而是他们不让我和任何人玩耍。小时候我是个乖乖女，他们说什么我听什么。长大之后，我就想象自己能够像其他人那样，可以自己逛街，买自己喜欢的东西，可以和同学们一起出去玩，但是我的父母坚决不同意。

有一次，我看见我们班一个同学穿了很时髦的衣服。她穿起来很好看，是她自己选的，我好羡慕她。我一直觉得我爸我妈给我买的衣服很土气，而这个女同学的欣赏水平很不错，我很希望有机会和她一起去逛街。我花了些心思和时间和她成为朋友，她也乐意带我去逛街，我太高兴了，因为她是我的第一个好朋友。但是好景不长，我妈很快就发现了我的秘密，她要了我同学的电话号码，尤其是在知道她的成绩不太好以后，就打电话给我的同学，说她一天到晚就知道把自己打扮得花枝招展，就知道到处去玩。她警告我的同学说，她自己怎么样没关系，但是不能把我带坏了。从那以后，我唯一的好朋友再也不和我玩了。我妈总是让我和成绩好的同学做朋友，可是他们和我一样，索然无味而且都只顾自己。

我对我爸我妈的反感他们是知道的，所以后来他们偶尔也让我出去放松一下。有一天，我做完作业以后，我妈同意我去旁边的小超市买点东西。我很少有机会出去独自做一件事情，所以我像笼中小鸟一样飞了出去。可是，令我怎么也想象不到的是，当我在超市购完东西后偶然一回头，发现我的母亲居然躲在离我很远的货架后面监视我。我走这么一点点远的地方，他们都要跟踪我，我气愤得说不出任何话。

我疑惑地问她：你有没有想过这是父母对你的爱？

她语出惊人：这也叫爱呀！他们根本不懂爱！

我理解这个女孩子的生气，我也知道这个女孩子感到气愤的心理学意义，她只是在维护她作为一个孩子的权利。这个女孩子如果不这样反抗父母她就长不大。真正有问题的是她的父母，他们爱孩子的动机是善意而强烈的，但是因为他们太不了解孩子，所以不会爱孩子。

可是我写这本书本意不是为责怪用心良苦的父亲和母亲。生活在这样一个特殊的时代，他们用自身成长的经验已经无法应对时代变化带给教育的挑战。他们生活得并不轻松，为孩子的成长胆战心惊。但我们要清楚自己的问题，我们只有知道了自己可能会出的问题，才有希望做得更好。

曾经住在我楼下的一个家庭，就有一位这样紧张的妈妈。有一天，我从楼上下来，准备将读幼儿园的孩子接回家。因为时间早了一些，所以就在这家人门口坐下来听人聊天。

正在说话的人是个四十多岁的女人，她聊着自己那快初中毕业的儿子。她说，儿子长这么大，真不容易啊！什么事都得大人操心，我都快累死了。前天，她的儿子初中升学考试结束了，想到儿子快要上高中，离家会比较远，她开始训练儿子单独上街，让他一个人去看场电影。她说自己一直提心吊胆，担心儿子会出事。但是她还是痛下决心，让儿子出发。她把儿子送到汽车站，儿子上了车。她告诉儿子下车之后，就给她打电话，于是儿子下车后给她打了电话。她在电话里告诉儿子，先去买票，买票后再给她打电话。儿子于是去买了票，买票之后给她打了电话。她又告诉儿子，进电影院之前要给她打个电话，于是儿子进电影院之前又给她打了电话。她接着转告儿子，电影放到中途给她打个电话，于是儿子在电影放到中间的时候给她打了电话。她又告诉儿子，电影看完后立即给她打电话，于是儿子看完电影后立即给她打了电话。她于是告诉儿子如何寻找公共汽车站，还说找到车站以后要给她打电话。最后，儿子找到了公共汽车站，上了车，赶紧打电话告诉母亲他已经在车上了。母亲这才放心下来，告诉儿子中途不要下车，妈妈在终点站等着他回来。

没等她说完，我耐不住好奇插了一句话，问她："你怎么那么不放心孩子，成天生活得那么紧张?"

那位母亲很是有经验地告诉我："现在外边多危险呀，交通事故多，坏人多，现在又只有一个孩子，不小心一点怎么行?"

我们正面临着最困难的教育境地，因为许多家庭都只有一个孩子。家庭只有一个孩子很容易造成父母的变态心理。教育家马卡连柯在《父母必读》里写道："在一个多子女的家庭里面，一个孩子的死亡可以引起沉痛的悲伤，但决不至于成为悲惨的收场，因为剩下的孩子还像从前一样，需要照顾和疼爱。他们实际上保证了家庭集体不至于瓦解。当然，没有任何情景比父母亲落在空屋里孤独地生活着这种情景更悲惨的了，每一种情景，每一个动作都会使他们想起亡去的孩子。因此，就必然造成了这样的局面：父母把担心、溺爱、恐惧和惊慌都集中在独子的身上。”这种变态心理让许多父母犯着错误而不自觉，对儿童的成长很不利。只有一个孩子，他会立刻成为家庭的中心。父亲和母亲的关注完全集中在这个孩子身上，往往超过了有益的范围。在这种情况下，父母的爱会很突出地有某种神经质的情形。孩子的疾病或死亡给这样的家庭带来的痛苦是巨大的，做父母的总是感到这种不幸的威胁，使他们失掉应有的宁静。独生子女最容易习惯于他占有的特殊地位，变成家里真正的暴君。父母也不容易把握自己的爱和关注，有意无意地把孩子教育成利己主义者。

当然，导致这些父母在教育上的变态行为的不只是独生子女政策，还有长期封建文化影响带给人们的人才观念和子女观念。中国家庭历来就有重视子女的传统，上自帝王将相，下至普通百姓，人们都寄希望于子孙后代光宗耀祖，并且光宗耀祖只有一条路，一个途径，那就是“万般皆下品，唯有读书高”。读书为了什么？读书只是为了做官。凡有一点文化基础的人都知道，“学而优则仕”。

那么多的人参与着激烈的学业竞争，那么多的孩子肩上都担当着家族的重托和希望，所以几乎没有家庭能够承受孩子教育的失败，所以都必须孤注一掷。这就难怪做父母的好心办坏事。确实，正如母亲们所说的，“现在只有一个孩子，不小心一点怎么行?”“如果说是我逼了孩子，那我又是被谁逼的呢?”这个时代孩子的成长考验着父母，如果父母不是做好准备接受孩子的任何的随意的发展状态，那你就势必为孩子的成长担惊受怕，那就不可避免地要爱得有点不正常，有点变态。

这是因为：我们爱着孩子时，其实并没有真正懂得爱。身上带着这么多一时不能摆脱的束缚，我们还能够轻松自由地做父母吗?

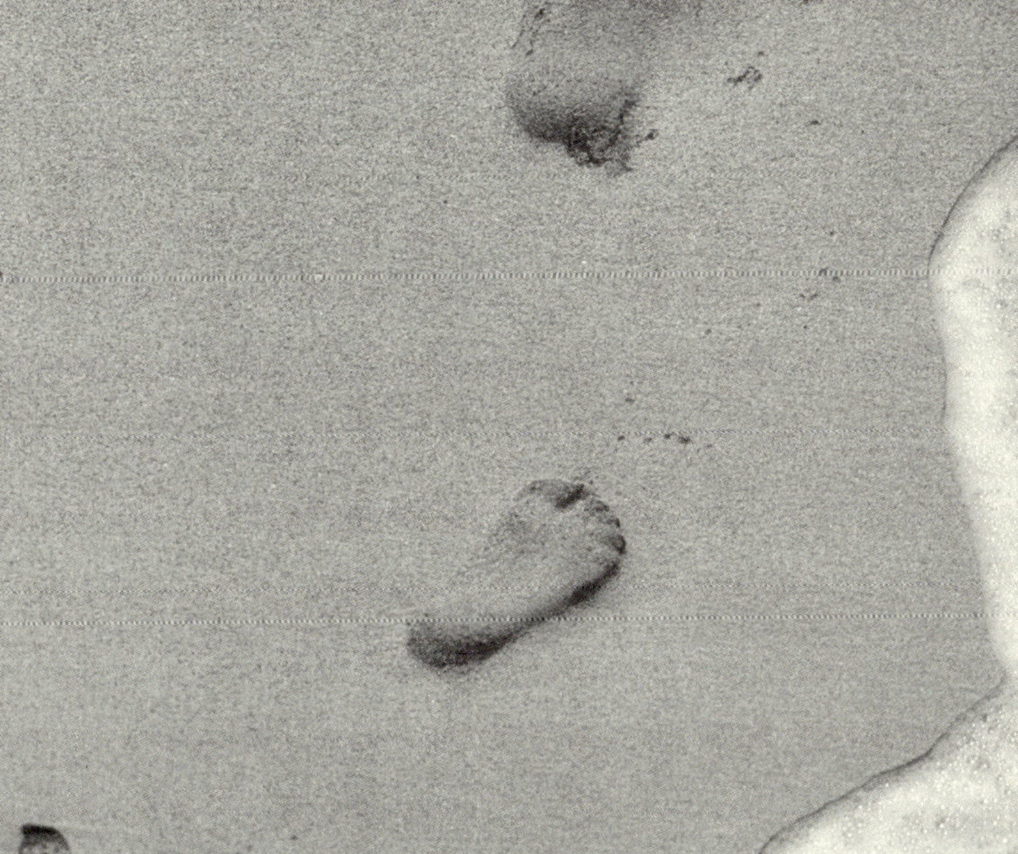

第四篇　爱的本质

爱不是一种消极的冲动情绪，而是积极追求被爱人的发展和幸福。

——艾·弗罗姆

1. 问世间爱为何物

离开爱，生命将无法滋长，爱是生命成长的精神营养素。

可是，为什么那么多父母在声称自己爱着孩子时，自己的孩子却在控诉父母们所给的爱，高喊着“我恨你们”呢？

爱其实是个哲学问题。何为爱，爱什么，怎么爱，为何爱，构成了爱的哲学。

不同的人对爱作了不同的回答。

古希腊智者恩培多克勒认为：

> 宇宙中有两种因果动力：爱和恨。爱是吸引并混合元素的力量，恨是分离元素的力量。两种力量共同作用，创造了永无止境的宇宙循环。人类也拥有这两种对立的力量，当爱占主导地位时，人表现出与世界和他人建立联盟的强烈欲望；当恨占主导地位时，人则寻求与他人的分离。

诗人纪伯伦在《先知》中写道：

> 爱除自身外无施与，
> 除自身外无接受。
> 爱不占有也不被占有，
> 因为爱在爱中满足了。

心理学家艾·弗罗姆对爱的解释最具有心理学和教育学意

义。他在《爱的艺术》中写道：

> 爱首先不是同一个特殊的人的联系，而更多的是一种态度，是性格上的一种倾向。这种态度决定一个人同整个世界，而不是同爱的唯一“对象”的联系。如果一个人只爱他的对象，而对其他人无动于衷，他的爱就不是爱，而是一种共生有机体的联系或者是一种更高意义的自私。

综观所有爱的行为，能够表现出爱的都是付出、给予、奉献的行为，所以爱的本质是“给”而不是“接受”。爱是生命个体一种普遍的态度，一种性格上的倾向，一种向外界和他人付出的能力。这种倾向和能力带来的是使外界和他人得到生长，从而也使个体在外界和他人生长中得到生长，变得更开阔，更具有能力。坦然地不带任何目的的“给”会让一个人感到无限的爱。“给”首先是“给”自己，然后是“给”他人。爱的“给”的行为可以诞生新的东西，所以给的同时也在“得”。敢不敢“给”、能不能“给”取决于人的人格是否发展成熟。

2. 爱的种类

爱的本质是“给”，因为给的主体和“给”的对象不同，所以世间有不同类型的爱。爱首先不是同一个特殊人的关系，而是一个人同整个世界的关系。下面我将弗罗姆关于爱的观点简要进行介绍：

(1) 父母之爱

一说到爱，我们首先想到的就是父母之爱。因为离开父母的付出，所有的生命都无法生长。这里面尤其是母爱。她爱孩子没有任何条件，爱几乎是她的本能，因为生命出自于她，所以不管生命怎么样，她都会有珍爱之感，爱孩子就如同爱她自己。

母爱总是表现为对儿童的生活和需求作出的毫无保留的肯定。对幼小生命的肯定应该包括两个方面：一方面是必须关心幼儿并对其成长负有责任；另一方面则超出了维护生命的范围，那就是要使孩子热爱生活，要使他感到活着是多么的好，当一个小男孩或小女孩有多么好，在这个世界活着有多么好！母亲如同上帝所许之土地，土地流着乳汁和蜂蜜。乳汁象征着母爱的第一个方面，对生命的关心和肯定；蜂蜜则象征着母爱的第二种意义，象征生活的甘美、对生活的爱和活在世上的幸福。大多数母亲能够给予儿童乳汁，但是不能给予儿童蜂蜜。能够给予儿童蜂蜜的母亲，不仅应该是一个好母亲，同时也应该是一个幸福的人。

(2) 自　爱

在父母之爱的基础上，我们建立了对自己的美好印象。一个生命要能够感受到活在这个世界上是多么的好，就必须建立起对自我的积极价值和意义。自爱的人对自己充满信任，因为自己得到过满足而且满足得很充足，所以他的主要精力放在通过为别人付出而让别人得到生长。但在我们的历史文化传统中，一种观点由来已久，那就是爱别人常常是一种美德，爱自己却是一种罪恶。因此，人们常常把自爱看做恶习，而把忘我看成美德。但从心理学上看，我们的情感和态度的对象不仅是其他人，也包括我们自己。“爱他人如同爱自己”，对一个人的爱包括了对所有这样的人的爱，其中自己也是我们爱的对象。因此，从原则上说爱自己和爱别人是不可分的，也不是相互排斥的。如果一个人有能力创造性地爱他人，那他必然也爱自己。他如果连自己都不爱，那他就没有能力去爱别人。

自爱不是自私。自爱的人和利己者在本质上是不同的。利己者只对自己感兴趣，一切为我所用，他们体会不到“给”的快乐，而只想“得”。爱的本质恰恰是“给”而不是“得”。在一般人的眼里，“给”常常代表被别人夺走东西或作出牺牲。但愿意付出的人却可以对“给”作出创造性的理解。他们认为“给”是力量的最高表现，所以恰恰是通过“给”，自我才能体现我的力量、我的“富裕”、我的“活力”。通过“给”，我感到生气勃勃，因而欣喜万分。“给”比“得”为我带来更多的愉快，这不是因为“给”是一种牺牲，而是因为通过“给”表现了我的生命力。“给”的最重要的范畴不是物质，而是人所具有的特殊范畴。一个人能给予别人的最宝贵的东西是生命，不是说他要为别人献出自己的生命，而是说他应该把内心有生命力的东西给予别人，比如欢乐、兴趣、理解力、知识、幽默和悲伤等。他的给不是为了得，通过他的给，会在接受方身上唤醒某种有生命力的东西，不可避免地会让对方也成为一个乐意给的人。这样，双方都会因为唤醒了内心的某种生命而充满欢乐。所以，利己和自爱绝不是一回事。利己的人不是太爱自己，而是太不爱自己。他们眼里只有自己，总是按照对自己是否有利的标准来判断一切人和一切事物，他们原则上没有爱的能力。内心缺乏生命力的感受会使他感到空虚和失望，他会通过各种其他的满足来弥补自己失去的幸福。但他是不幸的，因为他对自己充满着敌意，他对自己没有爱的能力而感到不满意。

现实生活中很多忘我地爱着孩子的父母，其实并不是真正意义上爱着孩子。这一点从自爱的意义上就可以理解了。因为他们自己有很多不满足，他们存在许多需要补偿的心结，所以他们没有能力创造性地根据孩子的特点去让孩子自由自在地成长。比如在过度忧虑孩子的母亲身上，就更容易理解利己者的根。她们真诚地相信自己对孩子特别好，甚至达到忘我的程度。她们常常一无所求，只为“孩子”活着，而且因为不重视自己而感到自豪。但在忘我的后面常常隐藏着一种强烈的几乎意识不到的自私性，她们希望借助孩子满足自己没有满足的欲望。她们缺乏爱的能力，没有能力使自己快活，对自己充满敌意，却希望通过他人来让自己快乐起来。利己的母亲认为孩子可以通过她的“忘我”来认识到什么是被人爱，认识并学会什么是爱。但是她的“忘我”所造成的效果往往违背自己的意愿。孩子们并没有表现出他们是幸福的，他们是被人爱的；他们一个个胆小、紧张，担心受母亲责备并想方设法满足母亲的愿望。一般来说，孩子们会受到母亲隐藏在深处的对生活的敌意和恐惧的传染。总之，“忘我”的母亲和一个利己自私者并没有多大不同，并且她们对孩子的消极影响常常胜于积极影响。因为“忘我”的母亲还让孩子无法对自己提出批评，孩子们生活在一个不能使母亲失望的压力下。实际上这样的母亲是在道德的假面具下教育人们轻视生活，轻视生命。

(3) 博　爱

博爱是一个人将自己的美好情感延伸到所有的人身上，普遍地爱世间所有的人。它不因施爱的对象具有的特殊性而吝啬，而因施爱的对象是我们的同类而乐于帮助。博爱就是对所有的人都有一种责任感，关心、尊重和了解他人，也就是愿意提高其他人的生活情趣。这类似于宗教提到的爱的方式：爱他人应如爱自己。博爱的基础是认识到所有的人都是平等的，平等的并不意味着同等一样的，事实上人往往也不完全“同等”。但我们能够认识到同类之间的不同，而且尊重这种不同。因为我们都是人，我们都有缺陷，都需要帮助。今天是我需要帮助，明天也许是你需要帮助。有这种要求并不意味着这个人弱小，另一个人强大。爱自己的骨肉不足为奇，连动物都爱自己的后代并照料它们。在对需要帮助的人，对穷人、陌生人、弱小的人甚至民族的敌人产生同情的过程中，人开始发展他的博爱。博爱的人常常深刻地认识到人与人之间互相依赖，很庆幸自己在某一方面能够对他人有所帮助，也正是从这种帮助中他得到了自我的满足。

(4) 性　爱

性爱是对一个人的特殊的爱。母爱是对需要帮助的人的爱。博爱是对和自己同等一样的人的爱，这两种爱的共同点是它们不为一个人专有。性爱则不同，它要求另外一个人完全与自己融合，具有独占性。这在一定程度上是个体的一种精神需要，也是自我之爱的一种变形。人虽然自爱着，但自爱并不是人与生俱来的特性，因此人需要不断有东西来证实自己是可爱的。因此，他们设想了自己喜欢的人和这些人应该具有的特点。当他所喜欢的对象专一、忘情地对待自己的时候，自我之爱得到极大的加强。性爱其实也是自爱的，当我们有能力对我们所钟情的对象专一、忘情到忘我的时候，我们也建立了对自己的美好感受，我们觉得自己值得为别人深深地爱着。这再一次说明爱自己就是爱别人，爱别人也就是爱着自己。由于这个问题与我们讨论的教育问题没有多少关系，因此这里不多讨论它。

(5) 神　爱

神爱是一种超越具体物体而对抽象存在产生的敬爱。由于神本是人所创造，所以神爱也是满足于自我之爱的。人终究还是最爱自己的。对神的爱从心理学角度来讲，出自于消除隔膜、要求统一的追求。在所有的信神宗教中，无论是一神教还是多神教，神体现最高价值，体现至善至美。就是因为神的这种意义，神是人的精神产物，他代表人对人自身的宽慰和爱。人创造神并对他充满敬意是为了救自己的。无论在什么环境中，无论是什么样的人，他总受到自己的欲望的奴役，他总会感到渺小，他总会体验到自己的局限。对神的爱与对人的爱具有一致性。在人类历史上我们可以看到，对神的爱一开始是完全依赖同母神的联系，然后发展到无条件地服从一个像父亲那样的神，最后发展到成熟阶段。到这个阶段，神不再是独立于人之外的势力，人自己就体现了爱和正义的原则，人自己成了自己的神。儿童对父母的爱也是这样的，一开始他感到母亲是“一切存在的基础”而与之紧密相连。他感到自己弱小无力，需要包罗万象的母爱。然后儿童又转向父亲，把父亲看做他偏爱的中心，父亲成了他思想和行动的准则。在这个阶段，儿童的要求是得到父亲的赞扬和避免父亲对自己的不满。在全面成熟阶段，儿童从母亲和父亲这两个保护自己和发号施令的权力形象中解放出来，他在自己身上建立起父亲和母亲的原则，他成为自己的父亲和母亲。当一个人成为自己的父亲、母亲的时候，他既知道自己的缺陷，同时还能宽慰地对待自己的缺陷，并努力去改变自己的缺陷，这时个体实现了真正的自我之爱。这时，虽然他知道自己内心是有缺陷的，但他的内心充满神圣和崇高。

3. 爱的生长，从父母之爱走向自我之爱

没有爱，人类一天也不可能生存。因为爱实现了人与人之间的结合，这种人与人之间的结合可以帮助我们克服内心的孤寂，是人内心最强烈的需求。这一需求如果没有实现，多半会导致人疯狂或者毁灭——毁灭自己或者毁灭他人。

爱源于家庭，父母之爱是一切爱的基础。婴儿最初是被抛到这个世界的，因为离开母体的恐惧，会给他带来出生创伤，使他体验原始的焦虑。父母的爱将拯救孩子，在他的内心建立形成更大安全感的规则，并让他拥有成熟的爱的能力。但这一切都需要一个条件，即孩子的父母首先应该是一个能够成熟地爱的人。父母不成熟的爱恰恰可能导致儿童的神经症。比如，一个男孩如果有一个性情冷淡、感情内向的母亲。父亲由于受到母亲的冷淡，只好把他的爱和全部的兴趣倾注在孩子身上。他是一个“好父亲”，同时也很专横。他如果对儿子的行为满意，就称赞他，送给他礼物，对他很亲切；一旦他对儿子的行为不满意，就会退居

一旁，对儿子生气或咒骂儿子。除了父亲的疼爱之外一无所有的孩子就像父亲的奴隶一样同父亲联系在一起。他生活的主要目标就是使父亲高兴，如果他不能讨父亲的欢心，他就感到空虚、没有人爱他，以至于他一生都会寻找这样一个父亲形象，并且一生以是否得到父亲的认同作为自己行动的准则。将来这种人会去努力争取成功，但无论多么成功，他们终究逃不出内心的自卑，而且在他们心中妇女对他们没有重要意义，他们小心翼翼地保持着同女性的距离，一般对女性比较轻视。在这种情况下，这个个体生命就没有完全实现自爱，而且不知道如何平等地去爱周围的人或者是一个异性。

当然自爱不是自恋或自大狂。真正的自爱建立在成熟的父母之爱的基础上。至于其具体的内容，根据维吉尼亚·萨提亚的观点，基于成熟父母之爱上的自爱应该是内心对自己拥有一种这样的自尊感受，实现这样的理想自我状态：

自尊宣言

我就是我。

在这个世界上再也没有第二个我。我和某些人可能会有些许相似之处，但却没有一个人能和我完全相同。我的一切都真真实实地属于我，因为都是我自己的选择。

我拥有自己的一切：我的身体以及我的一切行为；我的头脑以及我的一切想法和观点；我的眼睛以及它们所看到的一切；我的所有感觉：愤怒、喜悦、沮丧、友爱、失望和激动；我的嘴巴以及由它说出的一字一句：或友善亲切，或粗暴无礼，或对或错；我的声音：或粗犷，或轻柔；还有我的所有行动，不论是对自己还是对他人。

我拥有自己的想象，自己的梦想，自己的希望，自己的恐惧。

我的胜利和成功乃因为我；我的失败和错误也出于我。

因为我拥有自己的全部，我和自己亲如手足。我学会跟自己相处，爱惜自己，善待属于自己的一切。现在我可以为自己做一切了。

我知道自己的一些方面让我困惑，另外一些使自己不解。但只要我仍然善待自己爱惜自己，我就有勇气有希望解决困惑和进一步认识自我。

不管别人如何看我，不管那时我说了什么做了什么，想了什么感觉到了什么，一切都真真实实地属于那时的自我。

当我回想起自己的表现、言行、思想和感受，发现其中一部分已经不再适宜，我会鼓起勇气去抛弃不适宜的部分，保存经证实是适宜的部分，创造新的以代替被抛弃的部分。

我能够看、听、感觉、说、做。我能够生存，能融入群体，能有所贡献，有所作为，让我所处的世界，我周围的人和事因我的存在而井井有条。

我拥有自我，那么我就能自我管理。

我就是我，自得其乐。

教育的本质就是要建立这样的积极的自我态度，建立起个体对自己深深的爱，并且也只有通过这种深层的自爱而走向对他人对世界的爱。成熟的父母之爱就是要达到这样酣畅淋漓的效果，最终就是要让一个生命感受到我的生命是多么美好，我就是我，我自得其乐。尽管我仍然有缺点和不足，但是我能够认识到自己的不足，我能对自己负责任，而且我会努力改变自己，让自己更美好。

这样的自爱只能生长于家庭成熟的父母之爱中，可是成熟的父母之爱到底是怎样的呢?

爱就是成为一个人。

——费尔巴哈

父母对孩子的爱是最有效的教育手段，理论上我们总是希望父母之爱带给孩子自我成长的动力，但实际情况却不是所有的父母之爱都能起到这样的教育作用。父母的“给”如何才能让儿童本身生长出“给”的态度和能力呢？这确实是教育的一个根本问题。我们知道，只有通过父母成熟的“给”才能滋生出儿童“给”的能力。那么父母怎样才能成熟地“给”孩子而不是带着私欲去占有孩子呢？这很大程度上取决于父母本身人格的成熟和独立。父母首先必须是一个心理较为成熟的人，他们才能成熟地处理与孩子的关系。他们对孩子的态度应该是“我需要你，因为我爱你”，而不是“我爱你，因为我需要你”。前一种关系“我爱你”是原因，“需要你”是结果，爱是一种出于主体的自发行为；后一种关系中“需要你”在前，“我爱你”成了一种需要的结果，这样的爱更多成了一种依赖。

1. 父母和孩子成熟的关系

当我们这一代做父母的人还是小孩子的时候，如果父母对我们说：“那件事不能做。”我们一般只能说：“不做就不做吧！”然而，当自己成为父母时，我们也常常告诉孩子：“那件事做不得。”可孩子的回答却是：“为什么？”

这一句“为什么”表明父母和孩子的关系已经经历了巨大的社会变迁。今日的社会正从传统权威的生活形态转变为日渐民主的生活形态。换句话说，过去强调长幼有序、尊卑有别的权威式人际关系，而今社会提倡人人平等、相互尊重的民主式关系。如今的孩子生活在日渐浓厚的民主氛围中，社会流行的男女平等、学校班级中的民主的干部选举、媒体上常常见得到的争取权利事件等等，这些民主生活的经验让他们呼吸着民主的气息，学习着民主的风范，所以他们普遍不再愿意接受过去那种被动顺从的角色。

可是孩子的父母却很难从过去的权威式生活形态中转变过来。虽然他们深刻体会到了来自孩子世界的挑战，他们意识到了社会的变化，“以前我的父母要我做什么，我就做什么；而今我要我的孩子做什么，他偏就不做什么”。但是他们仍然置若罔闻，一意孤行，誓死捍卫做父母的权威。尤其是一些与孩子形成共生关系的父母，更是难以摆脱他们心理上对孩子的控制和依赖。

一位女孩子这样回顾着自己的生活：

> 我来自一个农村的大家庭，我的家庭盛行着严格的等级制度。他们重视男孩，可我偏偏是个女孩，所以从我一出生起，所有的人就都不喜欢我。长辈们对我失望到极点，但却对我要求很高。常常为一点小事，犯一点错误，他们就百般羞辱我。我的自尊心很强，最怕的就是父母一次次辱骂我，让我心痛无比，可也只能独自流泪。
>
> 随着我的长大，我已经不在乎他们是否理解我。我变得沉默、不爱说话。可是他们又开始狠狠地指责我的性格，说我的性格不好，将来难以适应社会。如果我不高兴，他们又说他们都是为我好。他们总拿我与别人家的孩子比，对比的对象都是男孩子，又是那些开朗的、会说话的，比较的结果总是“你怎么什么都不行呀？我们家有你这么个孩子，你真让我们丢脸啦。真是前世造孽呀，要不然怎么生出你这么个无用的东西”。他们常常对我说，虽然我是个女孩，但我至少要活泼开朗、爱说爱笑，这样才能拿得出去。
>
> 我其实也不是那种软弱的人，我其实很希望能够让他们满意，但他们却说我没有主见。我觉得世界上再也没有谁比

我更失败了。

其实，在我们国家，像父母和孩子这样紧密纠结的家庭还真不少。我们是生活在集体主义文化环境中的，家庭就是这样紧密关联的集体。因为父母过于在乎孩子的成长，所以孩子太在意爸爸妈妈的看法，爸爸妈妈也太在意孩子的一举一动。由于相互牵扯，父母和孩子都没有形成自己独立的个性，父母总希望孩子和自己一致，和自己的期待一样。有些时候，一些父母性格过于内向，觉得内向不好，因此就过分要求孩子外向，并且批评孩子的内向，这样孩子常常更加内向；由于孩子更加内向，所以父母又更强烈地批评他。很多时候，父母批评孩子有着某些缺点的时候，其实正是他们过于敏感和要求过多，才使孩子在某一方面的缺点和不足更明显。在这样的时候，父母批评孩子，觉得是为孩子好，可是孩子却觉得处处被束缚。于是，很多人陷入了家庭教育的陷阱中，孩子时时刻刻都觉得受着伤害。

如何走出亲子关系的这种纠结和束缚呢?

所有的冲突、纠结、束缚都一定程度上源于错误的观念，所以解决这些问题的根本途径仍然只能是通过观念的改变而获得解放。一些父母几乎把全部心思放在孩子身上，他们甚至达到忘我的程度。许多父母之所以能够忘掉自己，完全将心思外投，就是基于一种落后的子女观念：孩子是我的产物，归我所有，我可以想把他弄成什么样就弄成什么样；孩子是我的将来，他发展得好不好就是我甚至整个家庭发展得好不好。在这样的子女观念下，没有什么人能逃脱束缚和伤害。

孩子到底对于我们意味着什么?

纪伯伦在《先知》中这样论孩子：

于是一个怀中抱着孩子的妇人说：请给我们谈孩子。

他说：
你们的孩子，都不是你们的孩子。
乃是“生命”为自己所渴望的儿女。
他们是凭借你们而来，却不是从你们而来，
他虽和你们同在，却不属于你们。
你们可以给他们以爱，却不可以给他们以思想。
因为他们有自己的思想。
你们可以庇护他们的身体，却不能庇护他们的灵魂，
因为他们的灵魂，是住在“明日”的宅中，
那是你们在梦中也不能想见的。
你们可以努力去模仿他们，却不能使他们来像你们。
因为生命是不倒行的，也不与“昨日”一同停留。
……

我们的孩子都不是我们的孩子，他们凭借我们而来，却不是从我们而来。其实，我们手上拥有过的哪样东西真正是我们的呢？连我们自身的生命最终都只有接受自然的安排，我们也只能接受这种限制性，因此很多时候我们不得不对生命的局限充满敬畏而认同它，而不是总想去试图改变它。

父母是父母，孩子是孩子，他们是相互关联又相互独立的双方。孩子在父母的帮助中得以生存和发展，但他们生存和发展却不是为着父母而是为着他们自身，他们有自己内在的成长法则。我们这些做父母的人最多能做的是去了解他们的内在法则，想办法让他们成为符合他们内在法则的自己，而不是异己的他人。当然，父母作为父母，总是希望能够为孩子确立一些规则，但是那些体现成人意志的规则如果不是建立在成熟的关系上，势必导致孩子的反抗。孩子不会对规则积极响应，他们只对建立在成熟之爱上的亲密关系有所呼应。

2. 爱从无条件接纳开始

父母爱孩子，因为什么呢？一般情况下，什么也不需要，只是因为他是我们的孩子。龙应台在《孩子，你慢慢来》里谈道："我爱极了做母亲，只要把孩子的头放在我胸口，就能使我觉得幸福。"确实，不是我们要通过孩子的成长获取什么，而是我们内心的爱因为孩子的出现被唤醒，从此我们有了一个实实在在的爱的对象。对于父母而言，爱孩子只是为了完成人的内心成熟，完成生命中的另一种过程。我们给予孩子的有时远远不及孩子带给我们的。

但是这些只是对于所有心理成熟、精神饱满的人而言的。现在许多父母本身就是空虚着，对世界充满欲望，他们爱极了面子，自己没有得到的东西又总是希望借助孩子来实现。因此，在很多时候，爱孩子成为满足自己私欲的一种工具。

一次，我应一所学校的邀请去为他们的学生做高考前的心理辅导。面对那么多学生对分数近乎疯狂的追逐，我问了学生一个问题："难道分数就是我们生命中最重要的东西吗？从你的脑袋里你还能找到比分数更重要的东西吗？"看见同学们的沉默，最后我粗略地给了一个答案："心中有爱，就有一切。就算是你考了最后一名，你仍然是老师和父母心中的最爱。"但是后来，一个署名为"迷途的羊羔"的学生却发给我一封邮件，告诉我所有人都不爱他，他们爱的只是分数。

邮件的内容是这样的：

老师：

你好！

那天听了你的报告，我很受启发。你对分数的质疑应该说赢得了所有学生的赞美。但是现在已经为时太晚，我已经为分数所害。我原本是爱学习的，我喜欢看书，喜欢思考，因为它对我是一种享受，尤其是一道道题被我弄懂以后，那份通过自身努力获得的进步曾带给我极大的快乐。我曾经还获得过奥数一等奖，我也曾经为分数疯狂过。

但我现在的状况却很糟糕，我根本无法将注意力集中在学习上。马上就要高考了，我知道我不会取得什么好成绩。周围所有的人也都对我绝望了。我很多时候都在想，干脆死了算了。这世界其实没有人在乎我，我总算看清了。

我小学时一直以为我的爸爸妈妈很爱我，为了我的学习，他们为我付出了很多，花钱让我上各种辅导班。每次看到我取得好的成绩，他们都是眉开眼笑的，而且给我许多奖励，比如带我去吃肯德基、买名牌衣服。但是上初中以后，口口声声说爱我的父母终于露出了原形。每次看见我的作业没有全对，或者成绩稍微有所退步，他们的脸色就会很难看。妈妈的眼泪、爸爸的沉默让家里很沉闷，我简直无法在家里待下去。经过多次这样的事件，我最终认识到一个真理，爸爸妈妈根本不爱我，他们爱的是分数，就让分数给他们当儿子吧！

我最终差几分没有考上国家级重点高中，本来我想在一般高中读书算了，但是我爸我妈宁愿花高价也要把我送进国家级重点高中。进入国家级重点高中，那里更不是人过的日子。每学期交多少钱都跟学生的成绩挂钩。那里集中了许多学习疯子，每天就睡四五个小时，我实在是受不了这样的压力。我在学校的成绩你自然可想而知，但我不甘心呀！后来，压力实在太大了，我开始上网打游戏。我开始也知道上网打游戏对学习不利，但是上网打游戏的确很刺激，对生活的不满全都可以在这当中发泄掉，而且网络中的朋友对我充满了尊重和关心。我虽然知道他们都是虚拟的，但是他们也是人，他们给了我爱，给了我最需要的东西。我知道我迟早要面对现实的生活，可是一进入现实生活，我就看见我身边的人，包括我的父母和老师，都那么面目可憎。

我该怎么办？上帝啊，救救我吧！我不想成为马加爵，也不想成为另一个从 24 层楼摔下去的网络冤魂张潇艺。

迷途的羊羔

爱有两种：无条件的爱和有条件的爱。

天下做父母的，都可以声称自己是爱孩子的。但是如果仔细考究他们爱的行为，常常会发现他们的爱是有不同的。一些父母爱孩子是因为孩子做出了什么成绩，比如孩子顺从自己的意愿，在学习中有上乘的表现，或者是孩子得到奖金和金钱等给父母争了气，让父母脸上有光。这种爱是有条件的爱。有条件的爱鼓励孩子成为一个争取自我表现的人，也更容易让孩子成为一个过于在乎外界的看法和态度的人，或者是一生都在取悦别人而不是让自己满意的人。另一种父母爱孩子不是因为孩子的表现，也不因为孩子的性别、外貌和他是否具有特殊身份，只是因为孩子本身。这种父母就像龙应台所说的，“只要把孩子的头放在我胸口就能使我觉得幸福”，这种无条件的接纳是不需要任何条件的对孩子的爱。这种无条件的爱对个体成长是至关重要的，因为它培养了孩子的安全感，形成孩子健康的自我价值感，它让一个孩子不需要苦苦去争取别人的认同，也不会担心自己万一有什么闪失就会失去他人对自己的认同。它让孩子感到被这个世界接受并不是因为他做了什么，而是因为他本身就有价值，就值得人们这样对待他，然后一生充满着信任感和成功感。

人人内心都有一种深层的渴望，希望被周围的人无条件地关爱着。需要太多的条件才能得到爱，或者是无论一个人怎么努力也无法得到爱，最终只会让一个人怀疑自身的存在。可是，我们正生活在一个不是所有生命都被尊重的社会，人总是被分为三六九等，学生从上学开始就被划分为优、良、中、差。可怜的是有的人一生都可能生活在被忽视、被歧视的等级中，所以很多时候他们不被人当人，他们也不把别人当人，甚至他们自己也不愿意做一个符合自己意愿的人。

一位母亲因为自己的女儿不愿意做女孩而想做一个男孩，特地来向我咨询。

她清醒但却痛苦地向我讲述道："其实原因也不全在女儿身上，最大的责任应该归因于她父亲对待她的态度和方式。我的婚姻其实从一开始就是差强人意的。我对我的丈夫从一开始就不满，我是一个有硕士学位的人，但他什么也没有。我之所以还是嫁了他，是因为我那时年纪已经不小了，我害怕自己不断挑选下去最终会嫁不出去。我们结婚后有一次出去旅游，他在一个寺庙里找人给他算了一次命。那人告诉他我们不能生女儿，如果生育女儿将来会克他，让他一辈子发不了财而且还要折寿。我以为他只是算来玩玩，没想到他却很认真地跟我说：'咱们最好不要有孩子，如果要养孩子的话，也绝对不能养一个女孩。'后来，我怀孕了，我害怕万一生下个女儿。没想到的是，越是担心的事情就越是会发生，结果我真的生下了一个女儿。我的丈夫是一个与大多数人不同的人，他并不看重有没有后代继承香火。在我生下女儿后，他毅然决然地让我选择，是要他还是要女儿。他建议我将女儿送人，要不然就和我离婚。我和他不一样，我需要这个女儿，于是我选择了和他离婚。在孩子成长的过程中，我没有再婚，她父亲偶尔也回来，但从不给孩子生活费，而且从来没有抱过孩子，似乎每次都希望孩子能够有机会死掉更好。我努力避免孩子父亲对孩子的恶劣影响，但我可能也说错了话。在我常常累得直不起腰的时候，我会跟女儿说：'你要是个儿子就好了！'没想到，女儿上初中后，有一天当我跟她念叨着说'你要是个儿子就好了'的时候，女儿突然跟我说：'妈，那你干脆就叫我儿吧。我也不想做个女人，以后你就把我当儿子对待吧！'从那以后，女儿的装束、打扮都有所变化，而且公开对朋友说，她不想做女人。"

既然无条件地接纳构成了这个世界对人的基本态度和情感，那一个生命来到世间就应该是受欢迎的。可是为什么许多声称爱着自己孩子的人却做不到接纳自己的孩子呢？现在人的主观意志是越来越强大了，他们不仅想随意地改变自然，他们还试图按照自己的主观意志改变人本身。在家庭的教育中，我们总是试图将孩子造就成我们希望的样子，我们不接受他的自然真实的状态，我们总想改变和塑造他。就像卢梭在《爱弥儿》中这样写的一样："出自造物主之手的东西，都是好的，而一到了人手里，就全变坏了。他要强使一种土地滋生出另一种土地上的东西，强使一种树木结出另一种树木的果实；他将气候、风雨、季节搞得混乱不清；他残害他的狗、他的马和他的奴仆；他扰乱一切，毁伤一切东西的本来面目；他喜爱丑陋和奇形怪状的东西；他不愿意事物天然的那个样子，甚至对人也是如此，必须把人像练马场的马那样加以训练；必须把人像花园中的树木那样，照他喜爱的样子弄得歪歪扭扭。"

人对人自身的不接纳正在走向一种极端，回避真实的自我，受着理想自我的压迫，多少人变成了这种压迫的牺牲品。

一位老妇人在一次报告会后，紧追着我不让离开。她向我数落她的儿子："我的儿子真是伤透了我的心，我到现在都不明白他为什么变得这样无情无义。他不仅让家人蒙羞，而且对我们老两口不闻不问。按理说，我们家的家教是很好的，他爸爸是个高级工程师，我也是个知识分子。我们两个人在周围人中都堪称榜样，没有生活恶习，从没做过偷鸡摸狗的事。可我们的儿子，居然小时候就开始偷家里的钱，为了让他不敢再有这样的行为，我们狠狠地揍了他，而且经常教育他不能在外边拿别人的东西。可是，他后来还是把同学的文具拿回家了。为了防范他继续偷拿东西，我们还壮着胆子把他偷东西的事情告诉老师，希望老师帮助他。我不知道在我们这样的家庭，为什么会生养出这么个不听话的儿子！后来情况变得越来越糟糕，他不仅这些恶习没有改好，而且又开始干别的坏事。上初中以后，他又开始和一个女同学来往，那个女同学也不是一个好鸟，学习成绩差，就知道和男同学来来往往。我们对他们的交往坚决反对，可他们根本听不进去劝告。我不知道将来他还会做出什么糟糕的事情来。”

她太需要倾诉了。即使儿子已经很不像样，但是她也要告诉别人和自己，那不是她的错误，她自己是无可挑剔的。

“你是不是一直对他充满期望？”

“那还用说。不过，我们对他的期望也不是太高。孩子小的时候，我想，他长大了不一定要成为一个多么有名的人，但至少应该不比我和他父亲差吧，一代更比一代强嘛。”

“后来呢？”

“后来！他太让我们失望了，我们那么精心地照顾他，结果他却什么都不行。说身体身体爱生病，说学习学习让人伤脑筋。”

我问她：“你为什么不试着去接纳他？”

她说：“他现在这么坏，你还要我们去接纳他！你也太不讲原则了。”

我对她说：“他可能确实让你很不满意，但这不表明他没有任何优点。现在我给你一个任务，你从他身上先找出一个优点，你试着努力一下!”

她想了很久，对我说：“他没有任何优点。”

我对她说：“你总是从你的要求出发，当然很难找到他的优点了。你把他和一个有缺陷的人、身患重症的人比较比较，你肯定能发现他好多优点。”

她对我说：“可惜他不是这样的，他四肢健全却四体不勤，他有这么好的成长条件却不珍惜，接纳他真的好难!”

正如这位母亲所说，真正接纳确实很难，尤其是那些对孩子期望很高的人面对一个不尽如人意的孩子时要无条件地接纳他就太难了。

但是这却不是所有人都无法做到的事。所有的事情都是一样的，对有的人很困难的问题在另外的人那里却变得很简单。一些父母常常说，当你看见孩子各方面都不如意的时候，还能够无条件地接纳他，那人就不是人，简直成仙了。但是，事实上，有很多父母在孩子遭遇毁灭性灾难或者得到一个重度残缺的孩子时，他们选择了博大的爱，克服了人性中的弱点，体现了人性中最崇高和最有力量的方面。他们通过自己的行为拯救了孩子，也拯救了他们自身。

爱主要是一种主体的态度选择，与对象没有多大的关系。有的人可以通过博大的爱让顽石变软，有的人可以通过肺腑之爱化腐朽为神奇。真爱孩子的父母常常将孩子的感受放在比自己的感受更重要的位置。其实，只要我们放弃掉一些自己的私利想法，只要我们能站在孩子的角度去想孩子，什么样的孩子身上都能找到可爱的方面。

看看下面这个故事吧：

有个塌鼻子的小男孩儿，因为两岁时得过脑炎，智力受损，学习起来很吃力。打个比方，别人写作文能写两三百字，他却只能写三五行。作文尽管短小，但他一样可以写得美丽如花。那是一次作文课，题目是《愿望》。他极其认真地想了半天，然后极认真地写，那作文极短，只有三句话：我有两个愿望。第一个是，妈妈天天笑眯眯地看着我说："你真聪明。"第二个是，老师天天笑眯眯地看着我说："你一点也不笨。"

于是，就是这篇作文，深深地打动了他的老师，那位妈妈式的老师不仅给了他最高分，还在班上带感情地朗诵了这篇作文。老师在他的作文本上一笔一画地批道：你很聪明，你的作文写得非常感人，请放心，妈妈肯定会格外喜欢你的，老师肯定会格外喜欢你的，大家肯定会格外喜欢你的。

捧着作文本，他笑了，蹦蹦跳跳地回家了，像只喜鹊。但他并没有把作文本拿给妈妈看，他是在等待，等待一个美好的时刻。

那个时刻终于来了，是妈妈的生日——一个阳光灿烂的星期天。那天，他起得特别早，把作文本装在一个亲手做的美丽的大信封里，信封上画着一个塌鼻子的男孩儿，那男孩咧着嘴笑得正甜。他静静地看着妈妈，等着妈妈醒来。妈妈刚刚醒来睁开眼，他就轻轻地叫了声"妈妈"，然后笑眯眯地走到妈妈跟前说："妈妈。今天是你的生日，我要送给你一件礼物。"

妈妈笑了："你会送我什么呀？"

他笑着说："我写的作文。"说着，双手递过来那个大信封。

接过信封，妈妈的心怦怦地跳！

果然，看着这篇作文，妈妈眼里涌出了两行热泪。她什么也没说，一把搂住小男孩，搂得很紧很紧，仿佛害怕他会突然间飞掉一样。

是的，智力可以受损，但爱永远不会。它朝气蓬勃，永远垂着绿荫，开着明媚的花，结着香甜的果。

爱从真心地接纳开始。接纳孩子的优点，也接纳孩子的不足；接纳孩子成功的时候，也接纳孩子遭遇失败的时候。接纳孩子做事正确带给我们的快乐，也接纳孩子犯错误时带给我们的痛苦和忧伤。所有的孩子都有权利在这个社会里生长、发展，体验生活的各种感觉。如果我们剥夺了一些孩子的生长权利，让他们感受到社会不需要他们，从而让他们走向消极和失败，那就是这个社会在作恶。

3. 爱在了解孩子中

如果我们不能全方位了解一个孩子，我们就无法有效地教育这个孩子，根本上也谈不上爱这个孩子。

不了解孩子的父母对于孩子而言，类似于孩子睡觉的枕头，虽然离孩子的脑袋最近，可他们常常不知道孩子头脑里做的是什么梦。这样的父母最好不要对孩子的教育寄予什么期望，因为这样虽然对于孩子来说可能有一些欠缺，但至少不会给孩子带来更严重的恶劣后果，不会妨碍孩子接受来自大自然和周围环境的自然教育，也许他们中的一些人在这样的条件下还可能发展得更好。

很多时候，因为父母对孩子的内心了解很少，所以觉得无法驾驭孩子的发展，内心总是充满担心和焦虑。

一位父亲曾带儿子来求助。我很重视他们的到来，因为在我看来父亲陪孩子寻求帮助的案例不如母亲带孩子来的案例多。父亲在孩子的教育中常常是旁观和淡出的，但最近一些时候这个现象开始有所改变。

下面是我和孩子的父亲的一段对话：

我：有什么事情需要我帮忙吗？

父亲：我不太清楚该如何安排孩子的生活。现在是假期，儿子天天在家，不知道他会干出什么事？

我：你儿子以前也有过假期，他曾经干出过什么事吗？

父亲：这次不一样，以前家里有爷爷奶奶看着，现在爷爷奶奶回老家了。他的妈妈又要出差一段时间，我每天早出晚归，真的不放心。

我看着面前这个从外表看来正在走向成熟的少年，我不该冷落他，而是应该以他为最重要的工作对象。于是，我给了他一张纸，给他出了一道题：写一篇关于你自己的作文，包括优点和缺点。他很顺从，接过纸和笔写了起来。

我和孩子的父亲继续聊着孩子的情况。

父亲：我的儿子其实很聪明，可是就是不能加倍努力。

我：加倍努力为了什么？

父亲：争取在班上各个方面名列前茅。现在打好基础，将来就好办一些。

我：现在很多父母都像你一样，莫名地对孩子的未来充满着恐惧。

父亲：这也难怪呀，现在社会竞争这么激烈。

我：可是，从我们身上好像也不觉得生活有那么残酷。

父亲：是的，其实现在我的工作也还是蛮不错的，虽然要担很多责任，但还是能够轻松胜任。

我：也许，等这批孩子长大的时候，他们的生活、工作环境会比我们好一些。现在我们国家人口出生率已经比较低，国家又在重视和谐社会的建设，我想这些孩子将来会生活在一个更宽松的环境中。

父亲：你的意思是完全没有必要对孩子们的将来忧心忡忡?

我：你说得太对了，看来你已经能回答你自己的问题了。

这时，少年将写好的关于他自己的一张纸呈现在我们的面前：

我的名字叫向卓然，即将满11岁。我是中国人。现在在××××小学读五年级，今年9月将升入六年级。小学二年级时我做过班上的中队委，三年级升为中队长，四年级升为大队委，五年级争取大队长失败，仍然是大队委。四年级下期被评为“区优干”。我在学校里，三、四、五、六年级的人都是我的朋友。我曾经担任过升旗手，我觉得很光荣。

我的优点是：不爱打架，也不打架；不多管闲事；助人为乐；不会招惹谁；作文写得不错。

我的不足：马虎！喜欢在床上看书！不喜欢做家务事！喜欢睡懒觉。

我看完这个少年写的东西，将它递给了他父亲。

因为他父亲说过儿子的学习还不够努力，所以我和孩子又进行了下面的谈话：

我：你写得很好呀！逻辑清楚，标点符号也用得很准确，这对于一个小学生来说不容易达到。不过，你在作文里没有写下你的愿望。你能告诉我们你对将来有什么愿望吗?

少年：我的愿望是过小康生活。

我：小康生活是什么样？

少年：富裕又不富裕，有好房子、好车子，不过不想太富裕。

我：为什么？

少年：因为太富裕了会被绑架。

我：平时你最喜欢干什么？

少年：喜欢看恐怖书，环境阴森可怕，挺刺激的。

我：如果你爸、你妈给你自由，你想怎么过？

少年：在家里想吃就吃，随心所欲，想运动就运动，想听音乐就听音乐，随便看电视，躺着看书，坐着看书太累了。

我：你对爸爸妈妈有什么愿望？

少年：不用管我，让我自由自在地生活。

我：你会忘记做作业吗？

少年：不会，开学后老师要检查。

我：你会干坏事吗？

少年：不会，干坏事的人太傻了，中国警察多厉害呀！

我将视线转移到父亲身上。父亲告诉我，他从来没有和儿子谈这些，看来儿子比自己想象的要成熟，他觉得没有必要为一个11岁的儿子那样担心了，不如借家里无人照顾的机会让儿子学会自己照顾自己。

了解孩子是教育孩子的前提，如果我们不能全方位了解孩子，我们就不知道他们有什么优点和不足，也不知道他们心里在想什么，于是我们就说不出他们想听的话，做不出他们希望我们做出的事情。当然，了解孩子也不是一件简单的事。儿童是一个谜，是人类永恒之谜。过去父母很权威，没有人想到要去认识儿童，而如今信息时代动摇了父母的权威地位，纵然你是教授、博士抑或是有权势的官员，如何认识和教育孩子恐怕也是难题。

我们到底必须学着去了解孩子的哪些方面呢?

(1) 了解孩子的智力特点

从古至今，智力一直是一个世人关心的问题。在教育学、心理学看来，智力其实一直就是影响学生学习的基础性条件。但是，人们对智力的理解在不断变化。

最早人们认为人只有一种智力，主要和遗传有关，它很大程度上决定着一个人的发展和前途。现在人们认识到每个人都有不同的才能。毕加索是一位画家，莎士比亚是一个非凡的作家，乔·路易斯和贝利是伟大的运动员，约翰·施特劳斯是一个杰出的音乐家，凯瑟琳·赫本则是一位优秀的演员。你说他们谁更优秀?谁的智商更高呢?其实他们都是优秀的，但是他们却是不同的。哈佛大学心理学教授霍华德·加登纳在智力的研究上已经取得了突破性进展。他认为人不是只有一种智力，而是具有七种智力；智力不是固定不变的，而是可以通过教育来训练和培养的。

这七种智力是：

①语言智力：读和写的能力。这种能力通常在小说家、诗人、剧作家、演说家、政治领袖、编辑、广告员、节目主持人的身上发现，如著名人物温斯顿·丘吉尔等政界名人和莎士比亚、托尔斯泰等文学家的语言智力都很强。这种能力的早期表现是喜欢听、读、写，能轻松拼写，擅长文字游戏，对于琐事有很好的记忆力，语言表达有条理、有系统、符合逻辑。这种能力可以通过这些方式来培养：讲故事，用人名和地名玩记忆游戏，阅读故事和笑话，写故事和笑话，写日记，猜谜语，采访，出版、编辑小报和杂志，讨论，辩论，使用文字处理机等。

②逻辑—数学智力：推理、计算和处理逻辑的思维能力。这种能力通常在数学家、科学家、工程师、猎人、侦探、律师以及会计身上发现。这种能力的早期表现是喜欢计算，喜欢组织和有序生活，喜欢抽象思维和运用逻辑结构，喜欢解决问题，讲求精

确，喜欢以逻辑的方式做实验，偏向于有条理地做笔记。这种能力也可以通过适当的方式来培养：提供解决问题的机会，做有关数学方面的电脑游戏，分析和利用数据做判断，鼓励自己动手做事和做实验，给每个事物一个空间，分类和排序，允许事情按既定的步骤进行，运用推理和预测，把组织能力和数学融入其他学科领域。

③视觉空间智力：画画、摄影、雕刻、航海的能力。这种能力通常在建筑师、画家、雕刻家、航海者、棋手、博物学家、理论物理学家以及军事战略家的身上发现。早期生活中，这种能力通常表现为善于想象，喜欢图形思维，容易把握完整形状，喜欢素描、画画以及泥工活动，擅长图像记忆，有很好的色彩感觉，喜欢看地图、航海图和其他图表等。这方面的能力可以通过涂鸦，画图表，想象训练，把材料加以组合，变动家具布置以获得不同感受，感受色彩并对事物的色彩敏感，设计图表，制作标志，用多种符号画地图等方式来培养。

④音乐智力：作曲、唱歌、演奏乐器的能力。这种能力通常在演奏者、作曲家、指挥、音乐听众、录音师、乐器制造者、钢琴调音师身上发现，如著名人物莫扎特、贝多芬等的音乐智力都很强。这种能力的早期表现是对声音敏感，善于听觉记忆，对音乐的音高、节奏、音色有较强的分辨力，容易把握音乐的情绪，对音乐的结构完整性能够认识，表现出灵性。这种能力可以通过下边一些方式来培养：学唱歌曲，经常听音乐来调整情绪，提供学习演奏乐器的机会，伴随音乐锻炼身体，经常去听和参与音乐会，加入唱诗班或者合唱团，感受诗词、儿歌的韵律，通过音乐来构想画面，根据音乐曲调改词，在电脑上谱曲，把音乐和其他学科领域结合起来。

⑤身体运动智力：运用躯干和四肢的能力。这种能力通常在舞蹈家、演员、运动员以及在运动上颇有成就的人、发明家、外

科医生、武术教练、赛车手以及在机械方面有天赋的人身上容易发现。这种能力在早期可能表现为走路早而平稳，善于操作物体，时间节奏把握得好，对意外刺激有较好的反应能力，喜欢参与体育活动，擅长手工，喜爱演戏，对于做过的事比对于说过和观察过的事物记得牢，对环境敏感，喜欢动手动脚，通常边玩边学。通过运动学习效果最好。这种能力可以通过让孩子多从事拍手、跺脚、爬、跳、打响手指等活动，多给孩子提供动手的机会，用舞蹈、运动、演戏等多种方式改变状态来培养。为了训练效果好，最好在游泳或散步时在头脑中复习功课，把运动与所有课程的学习结合起来。

⑥人际交往智力：社会智力。这种智力明显地体现在政治家、教师、宗教领袖、律师、推销员、管理者、公关人员以及公众人物身上。这些能力早期可能表现为喜欢和人在一起，善于交流，有许多朋友，喜欢群体活动，能够觉察别人的意图，善于“觉察”社会形势，善于谈判等。这种能力可以通过这些方式来培养：鼓励与他人多交往，以合作的方式进行学习，从小学习察言观色，通过为别人服务来学习，被引导去考察因果关系，对人际敏感，多一些群体工作机会，多进行与伙伴的分享活动，举行与学习有关的庆祝会和聚会，把社交和其他课程的学习结合起来等。

⑦自我智力：进入内心的能力。这种能力通常在小说家、律师、智者、哲学家、对自己有很深体验的人身上发现。具有这种智力的人的典型特点是对自己的生命敏感，对自己的价值和情感有良好的自我感觉，对自己有自知之明，深切地认识到自己的能力和不足，个性鲜明，能够自我激励，拥有较为准确的直觉。这种能力可以在早些时候通过一些方式来激发，如让孩子有反省自己行为的机会，鼓励孩子在许多问题上提问，让孩子掌握自己的学习和其他活动，给孩子提供表达自己看法和思想的机会，让孩子学习为自己确立目标并用目标来激励自己的行为，和孩子进行

心对心的交流，注意让孩子倾听别人的观点并形成自己的观点等等。

当然，智力可能还不只这七种。每个人的多种智力都有不同的组合。

在加登纳的多元智力理论提出以后，心理学界对智力的认识仍然在不断地取得突破。20 世纪 80 年代美国心理学家还做了这样的实验，实验对象是 4 岁左右的儿童。实验者先给儿童每人发一块糖，然后告诉他们："你们可以马上就吃，但我有事出去一会儿，谁等我回来再吃，我将再发给他一块糖。"有的儿童马上就吃了；有的儿童犹豫了一会儿，但还是吃了；还有的儿童通过唱歌、做游戏甚至假装睡觉等方式坚持到最后。实验者回来后，给那些坚持到最后的儿童又发了一块糖。之后对这些儿童进行了长期的追踪研究，发现到中学时，这些儿童就表现出明显的差异：那些能在糖果面前坚持到最后的儿童具有较强的适应能力和进取精神。他们合群、勇敢、独立，而没有坚持到最后的儿童则比较固执、孤僻、易屈服。学业能力倾向测试的结果是，坚持到最后的儿童平均得分为 210 分，明显高于不能坚持到底的儿童。研究表明，这种成功可能与情绪调控有密切关系。在这样的研究基础上，1990 年美国耶鲁大学的塞拉维和心罕布什尔大学的梅耶提出了情绪智力的概念。情绪智力指的是个人对自己情绪的把握和控制，对他人情绪的揣测和驾驭以及对人生的乐观程度和面临挫折的承受能力。情绪智力被誉为 20 世纪最伟大的心理学科学研究成果，对人的成就具有决定性意义。

儿童的智力是有差异的，这种差异不是一种优和劣的差异，而是在不同方向上的不同发展程度的差异。父母对孩子智力特点的了解便于确立适合孩子的目标，从而保证所有的儿童在不同领域的潜在才能得以实现。很多父母会担心，现在的教育就只强调一种能力，其实这只是我们在现有状态下对教育的认识，这个现象在不久的将来一定会有所改变。毕竟社会需要多样化的人才，我们也将生活在一个更加多样化的社会里，将来的社会一定会为儿童的成长和发展提供更多的可能性和选择性。

（2）了解儿童的心理需要

今天许多父母抱怨孩子不听话，却常常不想想孩子为什么不听话。你可能喜欢吃草莓，但鱼却是喜欢吃蚯蚓。所以钓鱼的人不能用草莓去吸引鱼儿，他如果想钓到鱼，就必须考虑鱼喜欢吃什么。现在的社会正在从权威的生活形态转变为现代民主的生活形态。儿童会经历越来越平常的追求平等和民主权利的事情，加之信息社会信息的便捷获得，他们比较容易产生自己的想法而不把成年人的权威放在眼里。这种情况再结合电子网络的普及，许多新的有刺激性的生活在吸引着他们。而我们做父母的却并没有为此做好准备，有的甚至对孩子们的生活感到茫然无知。

2004年12月27日早上六点半，一个13岁的天津少年张潇艺像往常一样吃完早饭，背上书包走出家门，但是他没有去上学而是选择去了另一个方向。在天津市塘沽区海河外滩一栋24层高楼顶上，他写下了四页纸的遗书，然后双臂平伸、双脚交叉成飞天姿势，纵身跃起向东南方向的海“飞”去。

他是个网络少年，由于长期沉溺在网络游戏世界里，他的思维已经难以分清现实世界和游戏世界了，四页遗书里写下了很多游戏世界里的人物名字和他对这些人物的眷恋。

“我是个垃圾，真正的垃圾，什么都干不好的垃圾。我崇拜的是SHE、守望者，他们让我享受到了一种快乐的感觉。我有三个朋友：大第安、泰兰德、爱仇天神。我在哪里都可以感受到快乐。”

“师父，小徒弟走了，没有人能为您解气了，我真遗憾。以后，你要高兴地活着哦！不要天天对别人那么不好。要知道别人也有别人的想法的。玩魔兽的时候要记着我哦！”

“给暗夜小组们的朋友：保护好大自然，好好学习，好好玩，好好生活哦！BABY不要吃那么多，姐姐不要那么讨厌，安答不要那么犟，我要在我死后的地方继续发扬SHE，暗夜精灵的！”

落款为“守望者绝笔”。

潇艺是名初二学生，生活在一个温馨美满的家庭里，独生子的潇艺是亲人们的掌上明珠。潇艺的突然死亡使全家沉浸在无限悲痛之中，精神受到极大打击。据他父亲介绍，潇艺的学习成绩一直不错，进入重点中学以后，初一第一学期功课还都八九十分，第二学期明显下降，进入初二成绩直线下滑，除了数学仍考了98分，语文、英语、物理都不及格了，后来才发觉潇艺迷上了网络游戏。

“孩子就像染上了毒瘾似的不能自拔，每次被发现后也自责并答应不再去网吧，可是下一次他还是管不住自己。我们也很着急，但我俩都不懂电脑，也不知道怎样沟通才能转移孩子的迷恋。”潇艺的父亲说，“作父母的总以为尽量满足孩子的物质要求就是尽了最大的责任，很少去想孩子的精神世界需求。”

“最后一次我们把孩子从网吧找回家，孩子哭着说：‘爸爸、妈妈，我知道错了，我在网吧里也是胆战心惊的，怕别人发现。老师说我得了网络综合征，看来我中了网络游戏的毒害，我管不住自己，是个没用的人了。’”

“细细回想一下孩子上学以来的历程，尤其是知道他常去网吧迷上游戏后，我们也教育他，可是我们从来就没有真正走进过孩子的内心世界。”张潇艺的父母这样反思道。

为了我们更有效地爱孩子，我们首先必须去理解儿童行为背

后的原因，以及儿童最想获得满足的心理需要。就儿童的内心需要而言，不同年龄的儿童差别是很大的：

从出生到1岁：他一声啼哭来到这个世界，他用自己天赋的能力告诉人们，他们需要无条件地被亲人照料，需要让自己感到温暖，需要吃妈妈的奶，需要尿布及时被换掉，需要母亲轻轻的抚触和拥抱。为了促进大脑的发育，他还需要生活在一个有新颖性和更多关爱的良好环境中。

从1岁到3岁：他能够行走了。他知道镜子中的那个人就是自己了。他对世界充满着极大的好奇心。他用有限的语言疯狂地注解这个世界，因为他要证实自己是有力量的。他已经感觉到他有独立的能力，能够自由地支配自己，所以他不再喜欢总被限定在一定区域里，不愿意总被人服侍。

从3岁到6岁：他开始表现出与别的儿童的不同。他把“拔萝卜”的游戏反复地玩；把一个故事听得滚瓜烂熟可还是不断地听；常常捡回你会扔弃的垃圾而把它们当作宝贝；他一会儿扮起医生来让你躺下当病人，一会儿却全身披挂，塑料手枪插在腰间，突然站在你身后让你举起手来。他通过游戏模拟这个世界，象征性地参与成人社会的生活；他表现出主动性，试图按自己的意愿创设这个世界。

从6岁到12岁：他背起书包进了小学。他把老师的话当圣旨，看重同学们对他的眼光和态度。为了和同学一起玩，他开始顶撞父母。他长了很多本事，会认越来越多的字，喜欢看有图画的书。他每天闹钟一响就会起床，希望每天按时上学而不被老师批评，希望轻松做完作业大人不要再给他追加作业，然后他慢慢长大，并且在内心生长出勤奋感和效能感。

从12岁到18岁：他要完成从儿童到成人的转变。性发育成熟，外形接近成人，但即将成人而将来成人角色的未确定，都会为个体的发展带来困扰。为了知道自己是谁，他要试图摆脱成人，甚至会失去理性地反抗。大人一时半时可能还不适应孩子的反抗，但这种超越父母管理、实现自我内心控制的感觉会给他们的成长带来很强的动力。还好，这种内心的混乱是有时间性的，他不会永远这样。面对数倍于以前不曾经历的烦恼，大人要考虑的是他需不需要指导，需要什么样的指导。

18岁以后：他基本走上了自我教育的道路。他们的内心需要父母一般都能够理解到。他们渴望更亲密的关系，希望获得更大范围的认同，希望靠自己的努力能够让自己和别人生存好……相对而言，那以后的日子离成人的生活已经很近了。

一个生命在不同的成长时期，表现出不同的心理需要。幼小时候儿童常常是时时需要照顾的，但在逐渐长大的过程中恰恰需要的是父母慢慢放手，否则他们可能一生都无法为自己的成长负责。所以对于父母而言，要紧的是必须认识到有时候孩子需要的是帮助，有时候他们恰恰需要的是父母让自己单独去处理一些事情。

以上是针对孩子的普遍情况而言的。其实每个孩子都是不同的，在不同的情景下每个孩子都有可能有特别的需要。下面我们继续讨论几种儿童偏差行为的原因，平日里一些父母可能为儿童的一些偏差行为伤透了脑筋，但更重要的应该是问自己孩子为什么会这样，然后才能找到应对孩子问题的有效方法。

（3）儿童偏差行为的背后

所有的行为背后都有行为的动机，也就是儿童需要满足的心理欲求。儿童的行为只不过是他们心理世界的外部投射。对儿童心理的认识和了解其实是我们根据其行为对他的心理世界的一种主观推测。儿童除了生理需要之外，还有强烈的社会性需要。他们是一个社会的人，总是生活在一定的团体中，比如一个家庭或学校的班级，他们希望在这些团体中得到自己认为重要的人物（父母、老师、同学）的认可和肯定。根据精神分析个体心理学派阿德勒的观点，生命的主要力量就是追求优越或自我肯定。即使是天生弱小的儿童，也会想方设法地做出各种各样的行为，来引起那些他认为重要的人物的注意，体现自己对他们的掌控。一些孩子有能力用正向的方式和途径达到影响他人的目的，包括说一些重要人物喜欢听的话，做一些他们认为会看重自己的事。那些学业优秀的孩子就是这样来满足自己的。他们常常很听话，做事情也认真，而且说出的话也是大人们爱听的，因此获得了成人和同龄伙伴的肯定，使自己的内心得到了满足和平衡。相反，一些孩子无法通过正常的方式达到吸引他人注意的目的，常常采用令人感到麻烦、反抗他人或者给他人带来痛苦的方式，借此来引起他人的注意，实现对他人的影响力。这些行为就是我们所说的偏差行为，包括不听话、反抗父母、离家出走、逃学、偷窃、随意性行为、沉迷于网络等，这些行为常常让许多父母大伤脑筋。

儿童的偏差行为的产生常常有这么几种目的：获得注意、争取权利、报复、自暴自弃等。下面举例说明。

儿童偏差行为产生最常见的原因是为了获得他人的注意。如爸爸妈妈正聚精会神地看电视，这时孩子觉得没有人理自己，就会在电视机前晃来晃去，类似这种方式是一种破坏性主动；孩子到了一定年龄，却表现出比他的年龄低得多的能力，他们希望生活在大人的关照中，就假装不会照顾自己，这种方式是一种破坏性被动。很多时候，儿童为了获得他人的注意甚至会采取撒谎的方式，他们常常告诉大人自己的身体不是这不舒服就是那不舒服，希望引起大人注意，获取大人的关爱。

洋洋，一个小学二年级学生，经常偷拿同学的东西，如铅笔、橡皮和其他小玩意儿。老师知道后，告诉了他的妈妈。妈妈感到很吃惊，因为这些东西他根本不需要去偷，家里给他准备了很多。妈妈很生气，用铅笔头打他的脑袋，用棍子打他的屁股，但是他总改不了，时不时还是要偷拿别人的东西，直到妈妈用针扎他的手和耳朵，他也没有改正。后来他的妈妈带他见了一个心理咨询师。咨询师细细考察了他的生活，才发现这个孩子其实用心良苦。在他的家里，爸爸妈妈关系并不好，两人已经离婚，但是有时为了孩子的问题，他们俩还常来往。妈妈是一个认真工作和做事的人，而爸爸却是一个不想有远大目标也不想生活得太累的人。爸爸妈妈两个人的心思都很少放到孩子身上，爸爸很少回家，妈妈和孩子在一起时常常向儿子埋怨爸爸，不太理会孩子心里在想什么。老师第一次发现孩子拿别的孩子的铅笔的时候，洋洋的爸爸妈妈刚离婚。老师告诉妈妈后，妈妈虽然一下子控制不住情绪打了儿子，但是事后也开始了反思，觉得自己以前对儿子关心得太少了。母亲于是赶紧与他父亲联系，夫妻俩都意识到问题严重，决定在儿子身上多花点心思。也许正是这种处理强化了儿子的偷窃行为。虽然每次妈妈总是边哭边用针扎儿子，但是，儿子认为偷窃后父母对自己的关注却抵得过针扎的痛苦。

儿童偏差行为产生的第二种常见原因是争取权利。生命的本质是力量，对自己生命的感受最重要的一项内容就是对自己力量的感受。儿童能做什么，能否根据自己的主观愿望来改变世界是儿童一来到这个世界就试图去探明的。为此他首先发展了自己的运动能力，区别了物体和自身，尝试了大量的操作物体的活动，实现了一定程度的对物体的驾驭。同时，他也在不断检验自己与周围人的关系，他在最大限度扩充自己力量的同时会遇到比他们更看重自己力量的成年人，因此他们的社会性交往变成了一场权利之争。这种权利之争基本上在儿童两三岁的时候就开始了。这时经常出现的情况是父母要他向东，他却偏偏向西；父母让孩子走平地，可他却偏偏选择坡地和角落走。儿童在这个时候有很多愿望要实现，比如他想把自己在商店里见到的所有东西都买回家，父母如果不给买，他常常会蹲在地上哭或者耍赖。父母和孩子的权利之争在孩子进入青春期时达到顶峰，那时所有孩子需要摆脱父母实现自己的独立，他们要通过否定父母的形象、观念等来抗拒内心对父母的依恋。青春期前越听话的孩子，在青春期时往往反对父母的愿望越强烈。这类孩子过去对父母的教导接受得太多，接受的信息也比较单一，当他们遇到新的问题用过去父母提供的信息无法解释时，便开始怀疑父母教导的正确，并且要从心理上摆脱父母来构建自己的价值系统。

小睿是个好孩子，在整个小学期间她都懂事和自觉。她和一般小学生不同，她不常和小伙伴玩耍。爸爸妈妈都是中规中矩的人，对社会上许多不良现象看不惯，但他们也不能改变什么，只希望自己一家人能够独善其身。爸爸妈妈经常教导她，不要和外边那些孩子玩。他们有的行为习惯不好，会把她带坏；有的家里太穷，会希望从她那里获得好处；有的家里有钱，花钱又大手大脚，显得自己寒碜。总之，他们告诉孩子，在这个社会，没有什么真的朋友和友谊。小睿一直接受着这样的教育，小时候没有觉得什么。但是进入初中以后，她的内心日渐感觉到孤独，内心有了一些以前没有感受到的东西。她不再想听父母的话，她开始和一些同学交往。但是爸爸妈妈坚决反对，他们认为她所结交的朋友都是不爱学习的孩子，成天和他们在一起，成绩也开始下降。后来小睿与母亲的关系越来越恶劣，而且几乎近于水火不容。在强大的母亲面前，小睿觉得实在不想在家里待了，她像笼中的小鸟一样，必须飞出去。最后她离家出走了，她和许多别的孩子一样用这样的方式来争取自己的权利。

儿童偏差行为产生的第三种原因是报复。一些孩子不能在家里感受到关爱，总觉得自己受到了伤害。这种情况在一个家庭有多个孩子的情形下可以见到。在这样的家庭里，不公正的父母常常偏爱家庭中自己比较满意的孩子，而让另一个孩子感觉到自己在家庭中没有地位，并对家庭成员充满怨恨。一般在一个孩子的家庭里，通常也会由于父母自身心理不成熟，不能很好地处理自己的情感问题，他们忽视了孩子的感受。孩子没有得到应有的爱，他们对父母会由得不到爱而生恨。他们会干出许多让父母伤心的事，比如偷窃、吸毒等，等父母回过头来为自己感到伤心时，他们甚至为能让父母伤心而感到高兴，他们的行为之所以归为报复，是因为他们的破坏行为不是为自己直接带来好处，而是通过让他人受到伤害来获取快意。

晓伟是大学里学习计算机的一个男生，他直言不讳地告诉我，他恨他父亲。他希望他父亲破产，他希望他父亲生病死掉。我问他为什么对父亲是这样的感受。他对我说："我父亲是个禽兽不如的人。我刚上中学时，他就在外边有女人。我母亲天天向我抱怨，说我父亲是多么的坏。起初我不相信，后来我母亲带我去跟踪过我父亲，他进了别人的家。我母亲是很爱我父亲的，父亲不回家，她就把怨恨发泄在我身上。一有点不高兴她就拿铁棒打我，所以我一直以来就认为我就是罪恶的化身。后来，为了能够让父亲回家，我就努力学习，我以为我学习成绩好可以帮助母亲挽回父亲的心。但当我考上自治区最好的高中时，他也只回来过一回，丢下100元钱就走了。我的心一下子凉透了。父亲在外边做生意，随便投资都是上万元，而居然只给我丢下100元钱。我向上天祈祷，让他失败，让他破产。"后来他虽然也考上大学，但是在中学有很长一段时间，他根本不想学习，他想变坏，变得周围的人都不能接受他。借口学校要求买学习用品，他通过母亲从父亲那里要来一些钱后，一段时间吃睡都在网吧。母亲后来急了，因为她最后对父亲死了心，转而将注意力集中在儿子身上。母亲以儿子的堕落去威胁父亲让他管管儿子，也许父亲也到了良心发现的时候。父亲回家打了儿子一顿，而且掉下了眼泪。他当时心中很高兴，因为他找到了对付父母的办法，他要把曾经受过的伤害全部还给他们。他不回家，就是不回家。后来由于在网络和游戏中待得太久了，他突然感到无聊，感到厌倦。他回头了，凭着天生的聪明考上了大学，但对父母却没有感情。

儿童偏差行为产生的第四种原因是自暴自弃。这种行为通常出现在遭遇到多次失败和挫折的儿童身上，而且最常出现在那些曾经一度很优秀，最后落后于他人的儿童身上。儿童自暴自弃的目的是希望别人不要再对自己抱有希望。他们常常有一个错误信念，那就是不做事情比做任何事情要好，因为不做事情就没有成败之分，不参与别人都在参与的事情就不会让别人看到自己与别人的差距。事实上这是儿童在用非常消极的方式保护自己的自尊，不敢自己对自己寄予期望，也不想别人对自己寄予期望，因为一想到对自己的期望内心就会痛。

现在许多孩子学习到一定时候就不愿意上学了，中途放弃学业，纵然有各种各样的理由，但都是对自己的放弃。我曾经问一个学生不上学的理由是什么。他说太多了。我让他在我的笔记本上写下来。他写了六种理由：学习跟不上、总是没有进步、老师批评、妈妈着急、同学很烦、压力太大。他问我上学需要什么理由。我说上学不需要理由，你现在还只是一个初中生，你的身份就应该是个学生。当然多数的孩子想放弃自己时，都不是想永远放弃。他只是在学习遭遇困难的时候不知所措，于是试图逃避。对于这种孩子，帮他分析分析学习的情况，接受他在班级团体中的地位，等他度过考试失败的沮丧期，他一般还会回到学校。对于那种一直没有在学习上获得过快乐的孩子，他心理上已经很挫败了，这样的孩子特别需要理解和支持，唯独不需要的是批评，批评对这样的孩子一点用也没有。如果父母坚持认为这样做有好处，那孩子不可能改变父母，也不可能改变学校，更不可能改变老师，于是他只好改变自己，决定不到学校去。

从以上儿童偏差行为产生的原因来看，儿童的偏差行为很多时候确实不是儿童本身的问题，而是儿童生活在某种环境中的一种无奈选择。所以有时候，当我们指责儿童的行为时，其实首先应该反省的是我们做了什么使得孩子出现了偏差行为。

4. 尊重——深层的爱

平时说到父母之爱时，最容易想到的是父母对孩子的关心和付出。但是，如今的孩子要的不仅是肚子被喂饱，身体不受冻，而且需要外界对他们的尊重，借此体现自己的尊严。

教育中常常说父母要尊重孩子，教师要尊重学生，似乎尊重与教育有着天然的联系。但是，在教育中要真正体现出尊重其实很难。人们一方面把教育理解为培养人的活动，“培养”一词具有强烈的改变和塑造的特点。这里就意味着教育者自身是把优势地位留给自己的，教育体现着在某一方面一个处于优势地位的人对一个处于劣势地位的人的影响。在这里，教育者总是希望从教育对象身上看到自己的主观能动性的痕迹，看到自己的影响力，并且这种影响力也是一些教育者从教的内在动力。这一点，在专制社会里可能体现得更明显。因为在那样的社会里，一些人常常把另外一些人看作私有财产，比如父母常常把孩子看做自己的所有物，教师也是把学生看做可以随意雕琢和改变的。因此他们大多根据自己的喜好来形成对孩子的态度，他们总是要求孩子成为自己所期待的样子，而不是接受他本来的样子。但是，另一方面，教育有时候又高喊让孩子成为孩子，尊重孩子的本来面目。教育一直是这样矛盾着，我们也知道成长是孩子自己的事情，教育有可能在孩子成长中起着重要作用，也有可能因为不符合孩子的特点而被抛弃。尊重的意义在于重视并严肃对待。“尊重”一词的出发点就是有能力实事求是地正视对方和认识他独有的个性。有效的教育必须建立在尊重儿童的基础上。

(1) 尊重的根基

人与人之间的尊重本来应该是无条件的，他是个人，就得把他当人看。自己也是一个人，当把别人当人看时其实就是在把自己当人看。所以对他人的尊重就是对自己的看重。如果你尊重自己，那就应该尊重别人，不管别人是令你满意还是不令你满意的人。但是在多数情况下，人只尊重少数人，那些人拥有一般人没有的东西，拥有能够满足一般人心理需要的东西。那些东西包括金钱、权势、地位、外表的美丽等等。在这种情况下，一个人能不能尊重另一个人实际上是一个价值判断的过程。

从价值判断的意义上来看，成年人要建立对儿童的尊重就比较困难。人类社会在18世纪之前的漫长时期都没有建立起对儿童的尊重，其中主要的原因是各个时代的人都没有能够从生存、功利以外的角度建构对人类童年期意义的认识。儿童是没有多少影响力的，他们是弱小的，对成年人是依赖的，他们既没有什么权势，也不可能给成年世界带来什么实在的好处。因此在漫长的时期里他们只是扮演了渺小的、接受成年人恩泽和同情的角色。

建构对儿童的尊重需要对人类的童年期重新进行价值判断。还好，现代科学为我们完成对童年期意义的发现已经准备了一些条件。进化生物学的资料显示，与其他灵长类动物相比，人类有一个长得不成比例的不成熟期或童年期。在灵长类动物中，恒河猴、大猩猩和人类的幼仔期（儿童期）分别是 7 年半，10 年和 20 年。人类需要 20 年时间来发育成熟，人类如此长的不成熟期具有什么样的适应意义？为什么进化没有使人类个体更早，也更迅速地进入成年期（按照我们许多人的逻辑，似乎这样更有效率）？许多人类学家、进化生物学家都认为，人类之所以必须要有一个延长的童年期，是因为人类与其他物种的动物不同，人类社会比其他所有动物群体都远为复杂和多样化，这就要求人类不仅要有灵活的智力，也要有比较长的时间学习与掌握社会的习俗、规范和制度以及必要的技能与知识。正如古生物学家苟德所指出的那样：与其他动物相比，人类并不特别强壮、敏捷，并没有上佳的结构和功能，生殖速率也不快，但人类是杰出的学习动物，我们的优势就在我们的脑，它有出色的通过经验学习的能力。为了增加我们的学习时间，我们已经通过了延迟性成熟而延长我们的童年，到了青春期我们才向往独立。我们的孩子与父母的联系期很长，这样便增加了他们的学习时间，同时也加强了家庭的纽带。神经生物学家霍罗威也指出：不成熟期的延长是一个必需的适应进化战略，它让人类能有一个延长的幼儿依赖期，能延长生殖系统成熟的时间，延缓身体发育成熟，让脑能长得更大和进行行为的学习。著名生物学家多赞斯基则认为，童年期的延长允许大脑在外部世界的刺激和文化的影响下持续其组织上的发展；换言之，个体发育进展的缓慢有利于学习技能的形成，有利于发展智力，有利于文化的熏陶抑或传输。童年期的延长多方面地与社会联系着，它使得把社会文化的基本结构有可能整合到个人的大脑中，又把大脑的基本结构整合到社会文化的结构中，它使得个体的智力和感情有可能同时得到发展。

总之，不成熟是人类个体发展中存在的一种独特现象，这种不成熟是“全方位的”，包括生理不成熟和心理不成熟。心理不成熟又包括认知、情感和社会性不成熟。在进化生物学上，人们把这种现象称为“幼态持续”，并且认为这种“幼态持续”对人类的进化具有独特价值。

由此，谈论对儿童的尊重有了基础。但是尊重如何体现呢？

（2）尊重儿童的基本表现是尊重儿童的基本权利

伴随着人们对童年期意义的发现，人们对儿童的态度也发生了根本的变化。儿童虽然较长时间地保持着幼稚和不成熟，但是人们逐渐开始从人格上把他们作为独立的人来对待，人们也在权利意识上把他们作为一个平等的人来尊重。到了20世纪，儿童的权利问题受到国际社会的普遍关注。从20世纪20年代开始，国际社会就已经在儿童保护问题上制定了一系列国际文件。1978年波兰提出了《儿童权利公约草案》，1989年11月20日在第44届联合国大会上，包括我国在内的70多个国家一致通过了《儿童权利公约》。《儿童权利公约》的颁布表明国际社会对儿童的重视和对儿童问题的严肃对待，充分说明了20世纪人类在对待儿童问题上的对儿童的尊重。

尊重儿童首先要尊重儿童作为一个儿童的基本权利。我国有占世界六分之一的儿童在生存，可是我们中的一些人还没有充分认识到儿童期的孩子独特的生理、心理和文化价值，童年的概念还没有成为一种普遍事实。加之长期受封建文化的影响，父母习惯了对儿童的专制和控制。父母对儿童的打骂、父母对儿童生活和生命的决定几乎成了一种无意识的行为。因此，对于中国的多数父母而言，了解儿童的基本权利对他们适应新形势下儿童的教育非常有必要。

《儿童权利公约》中对儿童的权利作了如下规定：

• 18 岁以下的人是儿童，他们身心发育尚未成熟，需要特殊的保护和照料。

• 儿童是家庭的当然成员，应该像爸爸、妈妈一样在家庭中拥有自己的权利。

• 儿童都有特权享受特别的照料和帮助。

• 儿童幸福的今天是世界美好的明天。

• 实行计划生育和优生、优育，让儿童健康成长。

• 重视孕产妇的保健。

• 提倡母乳喂养。

• 经常向社会，特别是向父母和儿童介绍有关儿童卫生保健、科学喂养、预防疾病和意外伤害的常识，降低婴幼儿的伤残和死亡率。

• 溺弃婴儿是犯法的。

• 儿童出生后，有权获得姓名和国籍，其父母或监护人应及时到派出所登记。

• 儿童的身份包括法律所承认的国籍、姓名及家庭关系不得非法干涉。

• 应该让儿童和父母或监护人生活在一起，使他们从小得到家庭的温暖。

• 在养育儿童方面，父母负有首要责任。

• 国家要特别保护和照顾那些失去家庭抚养的儿童，妥善安排好他们的生活和学习。

• 保健院、托幼园所、学校等与儿童密切相关的部门，要做好儿童安全和卫生保健工作，不能有丝毫的疏忽。

• 做好儿童计划免疫和初级保健工作，使儿童切实享有高标准的健康。

• 教育儿童养成良好的卫生习惯，做到早晚刷牙、饭前便后洗手、勤剪指甲。

• 为儿童创造一个整洁的卫生环境。

• 必须废除对儿童健康有害的各种陈规陋习。

• 虐待、伤害或拐卖儿童的人，要受到法律制裁。

• 对儿童拒付抚养费的，司法机关有权帮助追索。

• 对不同民族、不同宗教信仰的儿童要一视同仁。

• 少数民族的儿童有权使用本民族的语言。

• 儿童的基本权利不应该因其家庭出身、社会地位、父母监护人的行为而受到影响。

• 儿童有权选择自己的信仰。

• 儿童有权通过口头或书面等各种形式自由发表言论。

• 儿童有权对与自己有关的案件发表意见。

• 儿童有结社及和平集会的自由。

• 不得任意和非法干涉儿童的隐私及通信自由。

• 不许损害儿童的名誉和荣誉。

• 儿童有权享受医疗和保险等各种社会福利。

• 国家要保证儿童与居住在异国异地的父母直接联系的权利。

• 战争爆发时，15 岁以下的儿童不得应征参战。交战双方不得伤害儿童。

• 任何企事业不得雇佣 16 岁以下的儿童做工，父母或监护人不得让儿童弃学。

• 采取保护措施，使儿童免受性侵害，对儿童犯有流氓罪行者，要严加惩处。

• 禁止用淫秽、恐怖和有害的读物、影视、戏剧玷污儿童纯洁的心灵。

• 利用儿童贩毒和教唆儿童吸毒是犯罪行为。

• 病残儿童应该得到特别照顾，任何人不得侮辱和歧视残疾儿童。

• 国家要重视特殊教育的发展。

• 学校应该积极接收残疾儿童就读。老师和同学对他们要多加照顾和帮助。

• 鼓励和帮助残疾儿童积极接受治疗，使其逐步康复。

• 在康复和保健方面，广泛开展国际合作，使残疾儿童受益。

• 增加教育经费，动员全社会办好儿童教育。

• 建好托幼园所，为儿童提供健康成长的天地。

• 全面推行 9 年义务教育。

• 创造条件，让儿童观察和了解大自然，引导他们爱护自然环境。

• 培养儿童的爱国主义精神和国际主义精神。

• 积极参与国际性儿童活动，广交朋友。

• 重视和开展扫盲工作，降低辍学率，防止新文盲的产生。

• 对有缺点和犯有错误的儿童进行教育时，要注意方式方法，禁止打骂和体罚。

• 对触犯刑律的儿童，家长、老师及司法机关要耐心帮助他们重返社会，使他们成为遵纪守法的新人。

• 保证儿童充足的睡眠和休息。

• 爱玩是儿童的天性，应该鼓励他们参加各种有益的游戏和娱乐活动。

• 增添娱乐场所及游戏设施，为儿童提供更多更好的乐园。

• 发展儿童文化事业，积极创作和出版健康有益的儿童读物、影视和戏剧。

• 广泛地开展宣传教育，让成人和儿童都了解《儿童权利公约》。

这些规定是中国政府根据国际社会的普遍原则对中国儿童的承诺，这些承诺也体现出整个社会的进步。但是具体到每个儿童身上，许多儿童并没有真正享受到这样的权利，他们的一些基本权利常常被忽视、轻视，甚至被严重践踏。这种情况有些是由极差的物质条件所致，但更多情况是由于成人的无知和自私而造成。

(3) 如今，儿童的多种权利正在被践踏

儿童是未成年的人，是软弱、幼稚的一个群体，他们自身没有能力捍卫自己的权利和尊严。即使他们有时候被欺凌、强迫、伤害，他们也是不具有反抗能力的。所以，儿童权利的实施和保障，全在于成年人对儿童的认识水平和对儿童的人道关怀。拿我们的文化来说，它是一种以成人为中心的文化，这种文化的特点是社会的制度和环境的建设更多是以成年人的利益为中心。在这个社会里，由于儿童本身能力的弱势，他们不具有生存和发展的话语权，因此他们很多时候不是一个主动发展的人，他们的权利很多时候被剥夺了。

首先，成千上万的外出务工人员的子女，他们难以和自己的父母生活在一起，他们没有得到父母的温暖。《儿童权利公约》规定，在养育儿童方面，父母负有首要责任。但是如今许多孩子的童年生活经历中没有对爸爸妈妈的记忆，有的只是无奈地被寄养在亲戚家，或者是被没有多少知识的爷爷奶奶无节制地娇宠而使性情变坏。

其次，在那些生活条件较好的家庭里，孩子们仍然有许多权利被残酷的社会现实剥夺了。《儿童权利公约》中规定，保证儿童要有充足的睡眠和休息，可是如今许多孩子天天在没有睡醒的时候被叫醒，在该睡的时候还在挑灯夜战。为了永远做不完的作业，为了考试的排名，为了考上名牌大学，为了一个遥不可及的将来，他们付出了健康的代价。

爱玩是孩子的天性，孩子应该享有玩耍的权利。可是许多成年人偏偏将玩耍与儿童对立起来，认为玩耍会让孩子变坏，甚至认为玩耍会使孩子将来不能严肃地对待学习和工作。其实玩耍对于孩子的作用要比我们所认识到的更为重要。在地上爬来爬去，用木块建造小房子然后再把它推倒，用泥巴做饼子，把抽屉里的东西全倒出来，骑自行车，踩滑板等等，都可以为他们带来快乐。孩子擅长玩耍恰如擅长铺床，清扫房间，洗手绢、袜子或清除垃圾一样重要。能够尽情投入游戏中的儿童将来也能够夜以继日地投入到他们喜欢的工作中。许多做父母的时常坚持一种观点，认为玩耍是只能在真正的工作做完以后才能去享受的特权，这或许更多是出于对孩子尽情玩耍的嫉妒，而非培养孩子的原则。

《儿童权利公约》中规定，儿童是家庭的当然成员，因此他们应该享有家庭事务的发言权。但是，许多父母认为孩子还小，在家里一切都得听大人的。我们知道，孩子，尤其是 10 岁以上的孩子，很想参与到与他们息息相关的家庭事务的决策和讨论中。实际上，让孩子有机会参与家庭讨论，让他们有机会说出对家庭事务的内心想法，不仅有助于他们建立良好的自我观念，而且有助于孩子积极地遵守家庭事务的规章制度和承担家庭事务的责任。当然，这并不是说家长不应该有权威。让孩子在家庭事务的决策中拥有参与权和家长的权威并不矛盾。无论如何，家庭是家长和孩子共同生活的场所，他们都应该有发表意见和被尊重的权利。也许孩子小时候有些家长可以借助专制建立起权威，但这也意味着有一天家长的权威会因为孩子的长大而消失。所以从根本上看，家长完全可以主动倾听孩子的意愿，并适当考虑孩子的意见，这样不仅让孩子在家庭生活中扮演着有意义的角色，而且还可以长久地保持家长在家庭事务中的权威。

儿童属于未成年人，他们的身心都是不成熟的。因此，他们在成长过程中，少不了犯错误和受到惩罚。但是他们在被惩罚的时候，有获得申辩的机会和获得“公正的审判”的权利。我们许多父母对孩子行为的处理，不看前因后果，不考虑孩子的初衷，因此经常是在对孩子痛打一顿和痛骂一顿之后才发现对孩子的所作所为作出了错误的反应。有些民主一点的家长可能会在事后对孩子说声“对不起”，希望孩子能够原谅，而更多的家长则不管孩子的感受一味坚持凡是父母做的都是对的，这样往往会造成父母与孩子之间的隔阂，从此与孩子的心灵永远无法沟通。因此，孩子在被按纪律论处前，应该让他说说他犯的错误和他应该受到的惩罚，而且孩子还应该被告知他被惩罚的原因和理由，这样才能帮助孩子认识到错误，也才能收到惩前毖后的效果。

《儿童权利公约》中规定不得任意和非法干涉儿童的隐私及通信自由。儿童作为一个独立的人，也应该拥有他自己的隐私和秘密。在他们不希望自己的身体被别人观看和接近的时候，他们应该享有身体的隐私权。孩子和父母的关系无论多么密切，父母仍然是一种外在物，因此他们之间总是需要保持一定的距离。孩子的成长永远需要有一定范围的独立、不被侵犯、不被注视的空间。但是，令人遗憾的是，许多家长认为他们有权利拆开自己孩子的信件，阅读他们私下写的日记，没有征求孩子的许可就把他们的东西拿走，或者不用敲门就闯进孩子的房间。如果有人在这些方面不尊重我们自己的隐私权，我们可能有被侵犯的感觉。为什么我们没有想到我们的孩子也会有同样的感觉、同样需要被尊重呢?

《儿童权利公约》中规定，儿童幸福的今天是世界美好的明天。儿童幸福的今天是他们当下对生活的感受，他们应该为生活在现在感受到快乐和满足。没有幸福的今天如何谈得上美好的明天呢？儿童当下的感受首先是作为一个人而存在的。作为一个人，他有成为自己的权利，他没必要把自己复制成另外一个人，他具有有时可以说“不”的权利，坚持自己的主意的权利，按自己的进度发展的权利等等。当他还是孩子时，他就应该是孩子的模样，有被原谅所犯过错的权利，他要过一个孩子该过的生活。但是做父母的，总是希望孩子早点成熟，总是对让孩子早日踏入“真实世界”和过上成人生活的准备那么关切，以致许多孩子没能尽情享受自己宝贵的儿童时代，就过上了承担责任和艰辛劳作的成人生活。当一个人还是孩子时，他有权享受做一个孩子的权利，而我们知道每个孩子的内心都需要具有作为一个独特的、不可复制的自我而长大成人的自由。

家庭是对孩子进行权利与义务教育的最佳场所。孩子小的时候，周围的人不把他当人看，他大了就做不了人。如果我们的孩子从小没有自己的权利被尊重的感受和体验，没有为维护自己的权利而努力过，长大后他们又怎么能够自觉地维护自己的权利和尊重别人的权利，并且尊重社会的规范呢？父母如果真爱孩子，就该在孩子小的时候为他将来进入民主社会和过民主生活做好准备。当家庭为社会培养出既尊重自己又不冒犯他人的民主社会的公民时，它在一定程度上也在改变着整个社会。

幸运的是，我们已经踏上了征途。

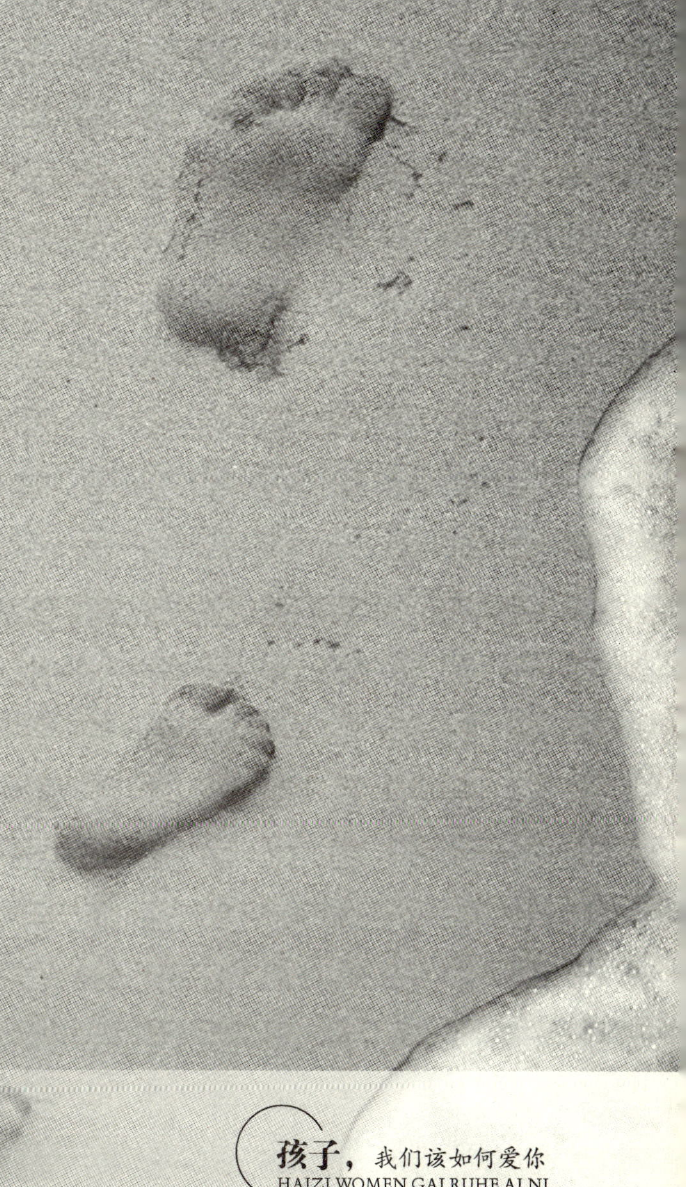

第六篇　真爱的行动

爱在左，同情在右，走在生命的两旁，随时撒种，随时开花，将这一径长途，点缀得花香弥漫，使穿枝拂叶的行人，踏着荆棘，不觉得痛苦，有泪可落，却不是悲凉。

——冰 心

现在这个社会，语言越来越华丽，越来越动听；但再多的好听的话也不如一点点真实的行动。

爱的本质是行动。教育的智慧也正体现在出于爱心的行动中。那些口口声声说着爱孩子的人，有时候并没有为孩子的成长做出什么关键的行为。爱不是说出来的，而是一点一点做出来的。真正的爱充满理性，表面上看起来可能是一种对孩子的苛刻，但长久下去，无形之中孩子却获益颇多。同时这种爱也充满柔情，是父母用一颗柔软的心去体味孩子的感受，这种爱不是一定要孩子达到父母的某种追求，而是通过自己的付出让他们过着人性化的生活，使得他们珍视自己，强身健体，发现自己的独特和价值。在这种爱的教育中，他们真诚友善地对待他人和自己；他们既温柔又刚强，并且了解温柔和刚强之间的不同，能够在该温柔的时候体现出温柔，该刚强的时候体现出刚强；他们愿意冒险，喜欢创新，努力去改变那些能够改变的事物，但同时他们也能平静地接受那些和自己不同的以及那些不能改变的事物。

大爱无形，是人类智慧的极致，也是内心幸福的源泉。爱的行动就是父母用大海般宽大、执著的爱心去将另一个人的生命之火点燃，它的终极目的是让孩子过上有意义的生活，以抗拒生命的脆弱和虚空。这不是一件容易的事，但确实是一件值得我们用全部的心思去尝试和追求的大事。

1. 学做优秀的父母

一位母亲和儿子一起看书，母亲看的是《卡尔·威特的教育》，孩子看的是卡通书。母亲看到高兴处，便轻轻挽住孩子的肩膀，跟孩子说："我给你讲讲卡尔·威特吧！你看他，真是个神童啊！6 岁就懂六国语言，9 岁就上了大学，11 岁就当了大学教授……"儿子明白妈妈的意思，于是回答道："确实聪明呵！那他的爸爸妈妈是什么样的呢？他们怎么生出了这么聪明的孩子呀！"

母亲无言，内心很多东西没法表达出来。

这个时代做父母的人会遭遇越来越严峻的挑战。

在这个知识爆炸的时代，小至组成物质的基本粒子，大至银河外的苍茫星空，所有领域的知识都在不断发展。家长也是普通人，并不是从孩子出生那天起，他们就自动成为一个优秀的引导者。做父母是成年人的第二职业，一定程度上做父母也是为自己的将来投资。

可是，现在许多父母完全凭着自己成长的一点过时经验，以及对其他孩子成长经历的道听途说，就以为自己掌握了做父母的学问，变成了对孩子发号施令的老板。他们常常教育孩子不要去伤害别人，但是自己一不高兴，就对孩子大发脾气和动武。许多问题家庭就这样出现了。在那里，人的生命和情感毫无价值。

父母是不容易做的，因此需要花时间和精力好好研究和学习。正如我国教育家陈鹤琴谈到如何做父母时所言："父母，不是容易做的，一般人以为结了婚，生了孩子，就有做父母的资格了，其实不然。我们知道，栽花的人，先要懂得栽花的方法，花才能栽得好；养蜂的人，先要懂得养蜂的方法，蜂才能养得好；育蚕的人，先要懂得育蚕的方法，蚕才能育得好；甚至养牛、养猪、养羊、养马、养鸟、养鱼，都要先懂得专门的方法，才可以养得好。难道养小孩，不懂得方法，可以养得好吗？可是，一般人对于自己的孩子，反不如养蜂、养蚕、养牛、养猪看得重要。对于养孩子的方法，事先既毫无准备，事后又不加研究。好像孩子的价值，不及一头猪，一只羊。这种情形，在我国目前，到处可以看见，真是一件奇怪的事。”

常常听见一些父母说，现在我们这么用心，当父母都还常常出问题，怎么过去我们的父母没有花那么多的心思，却轻松带大了那么几个孩子。其实仔细想一下，过去的父母也在不断学习，他们把养育老大积累的经验用到养育老二上，又把养育老二、老大当中的教训用到了养育老三上，这样在带孩子的过程中他们摸索出了带孩子的学问。现在的情况却不一样，关注孩子教育的家庭常常只有一个孩子，用心良苦想把一个孩子教育好，却没有什么机会可以事先尝试，也没有可能利用已经获得的经验和教训来养第二个孩子。大家都是希望成功有效地养育这唯一的孩子，所以都希望成为一个优秀的父母。

但是，千万不要把优秀的父母理解为全能的父母，他们也不一定都是培养出所谓优秀人才的父母。我们所说的优秀父母是在培养孩子方面更有办法、能力更强、更为自知的父母。他们有可能面对有缺陷的孩子，有发展障碍的孩子，当然也可能是天赋极佳的聪明孩子，但无论面对什么孩子，他们都比其他面对同样孩子的父母在教育上更得心应手。

成为优秀父母是许多父母的愿望。可是优秀父母是什么样的呢？了解这一点有助于调整我们的言行，为自己的养育行为确立一个看得见的目标。

综合已有的研究，他们常常具有这些特点：

首先，也是最重要的一点，他们喜欢抚养孩子，乐在其中。喜欢做父母的人绝不会轻易将孩子托付给老人或保姆照看，他们在对孩子精心地抚养、照料的同时，自己能够从中获得相当大的乐趣和满足感。他们珍惜孩子的到来，并且通过自己的言行向孩子表达出对他们的接纳，让孩子体会到他们是父母生命的一个重要部分，从而无形中在孩子内心建构起价值感。这种父母即使再忙，也会抽出时间和孩子在一起，以满足自己和孩子的情感需要。

其次，他们的行为本身对孩子具有教育作用。父母是儿童学习的直接榜样，尤其是在孩子年龄幼小的时候，父母的行为更是孩子观察和模仿的基本对象。这里的父母的行为包括父母的一切行为，不仅仅是父母有意识教育孩子的行为，也不仅仅是父母获取成功的那些行为，还包括父母做事不成功以及如何面对生活的失败和不如意的行为。苏联教育家马卡连柯说得好："你们自身的行为在教育上具有决定的意义。不要以为只有你们同儿童谈话，或教导儿童、吩咐儿童的时候，才是在教育儿童。在你们生活的每一瞬间，甚至当你们不在家的时候，都在教育儿童。你们怎样穿衣服，怎样跟别人谈话，怎样谈论其他人，你们怎样表示欢欣和不快，怎样对待朋友和仇敌，怎样笑，怎样读报——所有这些对儿童都有很大的意义。"

第三，他们通常在人格特点上更具有耐心和灵活性。孩子一出生，对父母的生活节奏就是一种破坏。没有父母在这方面是没有问题的。对于那些平日生活随意、较少约束自己的人而言，更是一大考验。婴幼儿是非常贪得无厌的，他们还没有学会在有点饥饿或不舒服的时候忍耐一下，也不能有意识地控制自己的大小便。面对孩子迫切的要求，父母需要对他们付出相当多的注意力，对他们加以精心照料。他们需要极大的耐心一天天坚持下去，而且必须学会灵活地安排自己的生活，随孩子情况的变化来决定自己的日程、计划，并从容应对儿童生活中的偶然性事件。比如，当你辛苦了一天睡意正浓时，你得忍受他惊醒你的好梦；当刚刚给他换好干净的衣服，脏衣服都还未来得及洗时，他却一不小心就一屁股坐在了烂泥堆里，或者是将一碗汤饭一不留神就洒在了身上。优秀父母在面对这些问题时，不会烦躁和生气，他们常常能够表现出足够的宽容和耐心。

最后，优秀的父母都是在不断地学习中成为优秀父母的。没有人生来就具有做父母的天赋。即使一些文化程度很低的父母，只要不断学习，也是可以成为卓有成效的教育专家的。我们要认识到做父母的这种经历对于成年人本身具有成长的价值。我们先前是被人照顾的，扮演的是接受和被呵护的角色。做了父母后我们开始扮演与以前生活完全不同的角色，有一个人需要我们照顾，有一个人需要在我们的影响下慢慢长大，我们要学习主动去引领、安排另外一个人的生活。对于初为人父母的人而言，谁也没有什么经验，就是别人给我们传授了一些经验，这些经验也不能按部就班地套用到我们自己孩子的身上。所以优秀父母常常是那些善于学习、不断反思自己行为的父母。

学习可以采取多种方式。这里我想强调的是向孩子学习。孩子有时候是我们最重要的信息来源，他们用自己的行为教会我们很多。记得有一次，我的儿子的班主任打电话给我，说他们班的孩子虽然才三年级，但很多家长都反映孩子现在已经开始逆反，听不进大人的话。她想请我这个给大学生讲儿童心理学的老师与他们班的家长进行一次交流，而且表扬我教子有方，说我的儿子很听话，老师和家长的话都听。按照老师的理解，我暂且把听话解释为优点，有这样的机会和更多的父母交流我不该推脱，于是爽快地答应了儿子的班主任的要求。可是后来还是觉得有点困难，一时也不能解释现在的孩子为什么会越来越不听话这种现象。在没有确定答案的情况下，我回家请教了我的儿子和他的小朋友们。正好那天下午他的好几个朋友都在，有我的同事的儿子，还有一对双胞胎兄弟。

我首先问了他们："在爸爸妈妈说什么的时候，你们会不听他们的吗？"

我得到这么几种答案：

"妈妈说做作业的时候。"

"我们正要得高兴，而他非让我们做作业的时候。"

"我们没做错，可是她非得说我们做错了的时候。"

"妈妈说得没有道理的时候。"

"我们的一些要求没有得到满足的时候。"

我又问他们："爸爸妈妈做了什么时，你们就会听他们的吗？"

答案更是让我惊诧于孩子的成熟。

"适当地满足一下我们的小要求，不要太不近情理。"

"爸妈说话要算话，说好多少作业，就是多少作业，不要做了一道又一道，没完没了。"

"好的话也不要说那么多遍，说多了就成唠叨了。"

"只要说得有道理，我们就会听，要心服口服，打我们骂我们是没有什么用的。"

后来我带着这些答案，和其他家长一起讨论了孩子反抗的价值和如何面对孩子的逆反。孩子不听话不一定全是坏事，也许他们有时候的强烈反抗恰恰表明我们在犯着错误。

其实所有的人，只要能够坐下来和孩子平静地说说话，都能从他们身上获得很多。我常常就会花一些时间听几个小朋友一起说话，看他们怎么玩耍、怎么打架然后又如何和好，我发现他们身上真的隐藏着我们成年人不明白的独特观点和处事方式。

2. 让孩子在期待中到来

前不久，我出差外地学习游戏治疗。当老师现场示范沙盘治疗时，一位学员讲了她女儿的问题作为教学案例。

她的女儿四岁半，长得乖巧伶俐，但就是有两个问题很顽固：一个是她一个人在家玩时经常尖叫，只要没有父母当面陪着玩，一会儿她就会到处尖叫着找爸爸妈妈。另一个是她从两岁半时就开始吃手指甲，手指甲经常被她吃得一点不剩。为了帮助孩子克服吃手指甲这个坏毛病，他们夫妻俩采取了各种能够想出来的办法，往她的手上涂苦药、用绳子捆住她的手、每次发现她吃指甲的时候就打她等等，但是都没有什么用。

她讲完后，老师先让我们就不清楚的问题向这位学员提问。

提问者甲："你什么时候开始关注你孩子的问题的？"

个案妈妈："大概两岁多上幼儿园的时候吧！"

提问者甲："她什么时候开始吃手指甲？"

个案妈妈："也就在那个时候吧！"

提问者乙："她最早在什么时候表现出尖叫行为？"

个案妈妈："应该说比较早。孩子小时候我因为忙，没有亲自带她，她一半时间在爷爷奶奶家，一半时间在外婆家，他们两家轮流帮我带孩子。她在外婆家的一天，当她正睡着的时候，外婆接到一个紧急电话，出去了。可是在外婆回来之前，她醒了，因为屋子里没人，她大声哭着叫着。外婆回来后，看她哭得那么厉害，觉得不理解，但也没有觉得有什么问题，因为外婆的文化程度不高。"

提问者乙："她和你还有你丈夫在一起时发生过这样的

事情吗？”

个案妈妈：“也发生过一次。因为我平时没有时间照看她，她一直被老人照看到两岁半。她两岁多上幼儿园的时候，我把她接回了家。有一次我和她在家的时候，我想出去买点馒头，她正在睡觉。我不好叫醒她，想着一会儿就回来了，于是我把她锁在屋里，自己赶紧去买东西。没想到我还没走多久，她就醒来了。等我买完馒头匆忙赶回家时，远远的我就听见她声嘶力竭的哭喊声。我打开门那一刻，我都吓傻了，她居然爬到阳台窗台上去哭叫。从那以后她的尖叫就越来越厉害。”

提问者乙：“她在幼儿园出现过这种行为吗？”

个案妈妈：“她刚上幼儿园的时候被一个老师狠狠地批评过，所以她就不想上幼儿园。后来我们让她上了另外一个幼儿园，从那以后她在幼儿园与老师、小朋友相处得都很好。她在那个幼儿园从没有出现过尖叫的行为，老师经常夸她是个懂事的孩子。”

提问者丙：“你也在学习心理学，那么你认为可能是什么原因造成你女儿的问题的？”

个案妈妈：“我其实是两年前才开始接触心理学的。我以前是学医的，当我发现我女儿的一些问题后，我才开始学习心理学。从心理学角度看，我女儿这些行为应该是由于缺乏安全感造成的。”

提问者丁：“我问你一个比较尖锐的问题，我觉得你并不真爱你的女儿，你觉得呢？”

个案妈妈陷入沉思，一字一句回答道：“应该说，我爱我女儿，真的爱她。”

提问者丁：“那你为什么会让她出生后两年多的时间不在你身边？”

个案妈妈眼睛里有眼泪，半天说不出话来。大家都沉默着。

从台湾来的培训老师走过来，悄悄对她说："如果说出来实在痛苦，可以不说出来。"但个案妈妈还是选择了述说。

"刚才，老师说如果不想说出来，可以不说。可是，这次我除了来学习，还是来求助的。我知道大家如果不清楚原因和过程就没法帮助我。说实话，我的婚姻开始时我是很不情愿的，当我准备和男朋友分手的时候，我却发现自己已经不小心怀孕了。我也不想过早生孩子，因为我根本就不喜欢孩子。但是我面子思想太重，作为一个女人，一个思想保守、奉行传统的女人，当这一切发生后，我只好选择认命。于是我草草结了婚，生下了孩子让两家的老人轮流帮我带着孩子，我没有尽到对孩子关爱的责任。当然，那时家里也实在太穷了，我要为生存而奋斗。后来孩子出现了一些问题，于是我对孩子有了愧疚。我开始怪罪的是帮我带孩子的老人们，但后来我又想别的孩子也有很多是被老人们带大的，为什么他们就没有出问题。后来我就开始看儿童心理学方面的书，我一边学习心理学，一边发现了自己很多问题。我知道了怀孕期间母亲的情绪会影响孩子很多，很容易造成婴儿的神经过敏和偏执。我的孩子不是一个'计划内怀孕'的孩子。"

提问者丁："作为一个女人，你怎么会不喜欢孩子呢?"

个案妈妈又开始沉默，然后说："那是另外一个悲伤的故事，我可以不说吗?"她转向老师求助。

老师点头同意，并对她所说的进行了总结：刚才我们这位学员在其他学员的提问下，将一些情况讲了出来。我们首先要感谢她给我们提供了这么个案例，而且也佩服她能够将心事说出来的勇气。可惜她的孩子没来，否则我们可以将她请进游戏室，观察她的游戏行为，然后在游戏中帮助她。还有一点就是我想给大家强调的，很多孩子后来的问题确实与怀孕时期母亲的心理状态有关，这样的话我们在游戏治疗时有时会让儿童扮演在母亲肚子里的小胎儿，然后让她得到弥补性的照料。只有这样，许多问题才能慢慢得到解决。你们如果对这个问题想了解更多，可以找更多的这方面的资料看看。

后来我查阅到一个与这个问题很有关联的研究。捷克学者曾经进行过一项研究，比较“计划内怀孕”的孩子与“计划外怀孕”的孩子在身心发展方面的异同。研究包括了两组孩子，分别属于父母“计划内生育”和“意外妊娠”而迫不得已生下的孩子。两组孩子出生时都是健康的，但在研究者9年的研究中，发现“计划外怀孕”的孩子更多地上医院看病，缺乏稳定的家庭生活，与同伴关系不佳，易敏感和激怒。研究者认为，母亲通常用较乐观、期待的心态对待“计划内怀孕”的胎儿。“计划外怀孕”的胎儿则没有那么幸运，孕妇通常在物质和心理上准备不足，甚至在内心深处对不期而至的孩子会产生不由自主的抵触情绪。从母亲的内心体验来看，消极与抑郁等负面情绪出现的比率大大增加。由于孕妇对“计划外怀孕”的孩子缺乏积极情感，对孩子出生以后的生理、社会性、情绪与智力等方面的发展造成了长期的不良影响。

儿童不是自己要求来到这个世界上的。父母现在要不要孩子已经是一种可以选择的自由。既然人们选择了带孩子来到这个世界上，那就要承担起父母的基本责任。面对那么多被不负责任的父母带到世界上的孩子，他们过着不健全的精神生活，我只能希望世上的人们能够越来越有责任感，这样越来越多的孩子会在他们的父母准备好后，在父母的期待中来到这个世界。

3. 父母相爱

人的成长需要爱，既需要母爱，也需要父爱。

母爱和父爱是两种不同性质的爱。母性的爱（理想化出自于女性的本能）就其本质来说是无条件的，母亲爱新生儿，并不是因孩子满足了她的什么特殊的愿望，符合她的想象，而是因为孩子本来就是她生的。这种无须靠努力换取的爱不仅是孩子的需要，也是每个人内心最深的渴求。正是基于这样的认识，母亲常常被比喻成我们的故乡，是大自然、大地和海洋。而父亲对于孩子的意义则完全不同。父亲虽然不代表自然世界，却代表人类生存的另一个极端：代表思想的世界，人所创造的法律、秩序和纪律等事物的世界。父亲是教育孩子、向孩子指出通往世界的路的人。父亲的爱是有条件的，孩子只有通过自己的努力才能赢得这种爱。

儿童成长需要母爱，这种情感注入和唤醒形成了生命的根基。儿童成长也需要父爱，父爱带给孩子力量、规则和生命的逻辑。更重要的是儿童需要看到和感受到父母相互爱着。父母相互爱着构成了家庭的情感支持系统，而且奠基性地建构形成了儿童对人与人之间亲密关系的认识。

父母相爱，是对孩子的最爱。

我曾经收到一位男同学写给我的作业，这份作业让我深切地认识到，不管是男生还是女生，他们在长大的过程中都有一个任务需要完成，那就是学习如何去爱。就个体的生活经历而言，他们父母的生活对他们学习如何与他人亲密相处具有直接的教育意义。

作业是这样的：

从小到大，我不知道人与人之间有温情

我生活在一个小村里，周围住着的人都非常熟识。当然他们都知道我父亲是个酒鬼。我那酒鬼父亲成天飞扬跋扈，把他在外边受到的各种委屈回家都发泄在我们身上。我的母亲竭尽全力地维护着这个家庭，但父母没有真正意义上的婚姻。我没有看见我父亲拥抱过我母亲一次，也没有看见父亲什么时候对母亲好过。有好几次，当妈妈在院子里扶住喝得醉醺醺的父亲时，他一把扯住妈妈的头发和衣服，把妈妈推倒在院子里的柴堆上。我从不记得父亲什么时候陪过我，他也没有单独带我们出去玩过，记忆里也很少吃过父亲给我们煮的饭。

我的伙伴们常常拿我父亲开玩笑，而我也取笑他们，找出他们父母身上的缺点，企图以此来掩盖我内心的伤痛。

有时候我会在牲口棚里找到我的母亲，她常常在这里被父亲打得起不来，而且不敢出声。父亲残忍地对待母亲，为此我恨透了他。为了报复，我尽一切之能来羞辱他、惩罚他。我从他那里学会了怎么对付他。每当父亲醉醺醺地扬言要打母亲时，或在我的朋友们要来我家而他却烂醉如泥时，我就拽他到牲口棚，把他绑在那里，让他独自在那里睡个够。

长大一点的时候，我身体更加强壮了，这样的事情我做得越来越频繁。在我勃然大怒的时候，我会用绳索捆住父亲的双脚和双手，再把绳索的另一头绕在他的脖子上。我希望他在挣扎的时候窒息而死。

记得有一次，我发现我父亲又喝醉了，我立刻变得异常愤怒。我把父亲的头压在装满水的水缸里，想让他清醒清醒，甚至希望他死掉。要是当时没有人及时制止的话，我可能已经把父亲溺死了。

从小到大我不知道怎么爱别人，也不知道怎么去接受别人的爱。

我现在的问题是，我喜欢上了一个女生，但我不知道如何对待她。我知道我暴躁的脾气伤害了她，但她却对我很好。我不想像父亲那样，我更不希望父母的命运在我身上轮回。我一直在和我的性格战斗，只是战斗得很累。

父母互相爱着构成了良好的教育背景，他们在完成教育孩子这一艰巨任务时，可以相互支持，可以相互弥补。这里特别要强调的一点是父亲对母亲的爱对于一个家庭具有特别的意义。如果一位父亲深爱着家庭，爱着妻子和孩子，那么即使父亲远离家门不和家人在一起，母亲也可以将她所承受的父亲之爱传递给孩子。因为有爱，母亲内心平和而满足，因此她会安然地和孩子生活在一起。如果母亲从父亲那里没有得到充分的爱，她会将自己爱的情感过多地投注于孩子身上，这时孩子得到的母爱恰恰就具有一定的悲剧性，因为许多母亲的母亲意识里具有浓厚的自我丧失感。这些母亲在有了孩子后，最普遍的表现是过度关注孩子，将孩子作为自己的全部和人生的希望，而忽略了自身的情感体验，不再关心自身的发展。而一个过分关注孩子的母亲常常也是一个暴怒的母亲，她常常苛刻地要求孩子甚至暴打孩子，她这样做的原因常常是因为内心充满欲望而不能满足，所以她打的不是孩子，而是在发泄她心中的不满。对于一个女人而言，她最大的不满和愤怒是她内心对爱充满渴望而终不能得。因此，来自父亲的爱对于孩子和母亲都具有重要意义。

令人遗憾的是，现在的男性心理成熟度低于女性，许多男人不能承担起一个丈夫、父亲应该承担的基本责任。我希望偶尔看到这本书的男性不要认为我是女权主义者，我丝毫没有贬低男性的意思，只是在许多人的生活中，我更多地看到了男性的冲动和不能自我克制。在我们的文化中，对男人们的教育总是学好功课去当科学家、赚取钱财当个有权有势之人，却很少有将来当一个好丈夫、好父亲的内容。我内心不仅没有半点贬低男性的意图，甚至对男性自身的觉醒充满期待。在这个以男人为中心的社会，男性的觉醒将会让整个社会更和谐，希望他们心中有家，心中有爱，这样也许世间会减少许多悲剧、灾难甚至战争。

强调父母相爱并不是说夫妻不能离婚。当两个人的感情已经到了无法继续的时候，已经到了对周围一切人都是伤害的时候，最好的解决办法就是终止婚姻。但是当父母准备离婚时，必须考虑很多，必须考虑孩子的感受。记得曾经看到报纸上的一条新闻，在一个儿童节前，一个小学的班主任让同学们写下儿童节的愿望，结果近三分之一的孩子写下的愿望是“爸爸妈妈——你们不要离婚”。孩子都是不愿意看到父母离婚的。虽然家庭离异不一定必然给孩子的成长带来恶劣的影响，但离异家庭的孩子常常在内心有许多怪异的想法：

- 爸爸妈妈离婚，都是我的错，是我不乖；
- 爸爸妈妈离婚，真丢脸；
- 我什么都比别人差，就是因为我没有爸爸（妈妈）；
- 没有爸爸（妈妈），再也没有人爱我了；
- 这一切都是爸爸（妈妈）害我的；
- 男人（女人）都不是好东西；
- 家都散了，做得再好也没有用；
- 爸爸（妈妈）走了，去过好日子了，太自私了；
- 别人欺负我，都是因为我没有爸爸（妈妈）；
- 他们不爱我，我也不爱他们。

基于这样的一些观念，也许我们就能理解，为什么一些孩子在父母离婚后会报复性地对待爸爸妈妈。一个孩子这样说："我瞧不起我妈，但我不恨她，我可怜她，她长得不漂亮；我恨的是我爸，他很花心，在外面乱找女人，让我丢尽了脸面。我现在不到学校去了，我就不好好上学，让他生气。"还有个女孩对我说："我六岁的时候，爸爸妈妈离婚了，家里被搬得空洞洞的，那时我就知道人世间根本没有爱情。"

当孩子对父母的离异可能抱有这些想法时，父母双方要做的是，用自己的行为告诉孩子，父母曾经相爱过，因为相爱所以有了孩子。虽然父母离婚了，但是父母对孩子的爱永远存在。

4. 和孩子在一起

下面是一个女学生对我讲的关于她自己的生活经历：

我小时候的记忆首先是我家被我砸得坑坑洼洼的大门。因为我每次回家，看到的都是紧锁的朱红的大门，于是扯开嗓门大喊"爸——"、"妈——"。虽然明知道有人应答的希望很渺茫，但我仍然疯狂地喊。喊累了以后，不知是觉得无趣还是愤怒，就捡起地上的石头疯狂地砸门。父母从外边做生意什么时候回来我从来不知道，因为他们回来时我通常已经在奶奶的被窝里熟睡。我很少看得见我的父母，尤其是我的父亲。我那时最大的愿望便是我的父母能够在我放学回家的时候在家里等我。这样我就不会在孤独、恐惧中将愤怒施加于我家的门。

后来母亲发现门上的坑越来越多，再加上奶奶也越来越忙，无暇顾及我。万般无奈之下，她想出一个办法，让邻近的一位大哥哥晚上陪我。另一件更可怕的事情发生了，当然我是现在才意识到这件事的可怕，而那时身处危险中的我却把那件可怕的事当作游戏。那位大哥哥让我脱光衣服，在我身上抚摸……我那时刚好7岁。这件事到现在我的父母都不知道，因为我很听那位大哥哥的话，没有将这件事告诉任何人。这样的日子我不知道持续了多久，大概是一年多吧。后来父母迫于生计，远离家乡到很远的地方去做生意。因为带上我会很不方便，再加之我正在上学，于是理所当然我被留给了奶奶。到现在为止，我认为我最亲近的人就是我奶奶。初中时我被父母接到身边。那时我已经考上了县初中，住读学校，每周只回家一次，仍然很少见到我的父母，特别是我的父亲。上高中的时候，我寄宿在大姨家，虽然大姨很疼我，但我仍然有寄人篱下的感觉。

我一直是很自卑的，除了心理上的阴影，还因为我手上和胳膊上有大面积的红色胎记。尽管我中学时成绩很好，但又怎么样呢？因为我的胎记，我一直认为不可能有异性喜欢我，男人都是看色相的，我自认为自己是让他们讨厌的。我从来不和异性接触，所以中学时同学们都说我性格怪异，可是我到现在也不知道我的怪异在哪里。

再后来我人生的劫难真正开始了。

晓东出现了，这人几乎毁了我一辈子，可我当时却爱他爱得神魂颠倒。

我不知道是不是我太缺少亲人的关爱，尤其是父亲能够提供的来自异性的爱，他当时对我的温柔言语让我感动，也让我觉得甜蜜。当然，更重要的是，他不在乎我手上的胎记。他比我大5岁，他没有上过大学，这些在当时我都没有在乎，甚至不在乎他的人品好与坏。一切我都不在乎，只因为他对我好。虽然他的好现在看来很是平常，但那时我却不顾一切地扑向了他。现在想来，其实那时无论是谁，只要是男性，只要跟我能说得上几句话，我都会不顾一切地扑过去。

我是从网上认识他的，从认识他到认清他的真面目仅仅四个月的时间。他让我失去了所有的东西，甚至对女人来说比命都重要的东西，包括做人的尊严和继续活下去的勇气。从那以后，我的价值观，包括恋爱和婚姻观完全变了。我已经无法认识自己，我还是从前那个听话的乖乖女吗？还是那个品学兼优的三好学生吗？我恨自己，我怎么变得那么下贱和对男人饥不择食。我觉得我再也不可能拥有爱情和婚姻了，我也没有资格拥有这些，因为我已是一双破鞋，因为我是如此的下贱。

我无法面对所有的人，我的亲人，我的朋友。可我又能怎么样呢？

不少父母问过我，我们为孩子付出这么多都不是爱，那你说我们该怎样做？我的回答常常很简单，和孩子在一起。可是，另外一些家长，比如那些在家里当全职太太的女人们却又反问，我们天天和孩子在一起，为什么孩子还是常常说妈妈不爱我呢？

其实，和孩子在一起不是一件简单的事。它不是说时时刻刻把孩子看着就行了，而是父母和孩子在一起时做过什么，父母为孩子付出过多少精力和时间，干出了多少让孩子能够回味的事情，留给了孩子多少值得回忆的美好时刻。

和孩子在一起，首先是当孩子幼小的时候，我们要花时间去照料他的生活，关注他的需求。除此之外，我们还要经常抚摸他的身体，逗他微笑，经常带他去见识外面的世界。这时虽然他能够表达的很少，但是感受会很多，他的头脑会因为适当的刺激而发育良好。

和孩子在一起还包括有时间和孩子一起读书讲故事。所有那些坐在父母腿上听爸爸妈妈讲故事的经历都将成为孩子童年生活中的奢侈记忆。他们从书中认识到了简单物品的名称，学到了基本的文字符号。从安徒生的童话故事里知道丑小鸭终究会变成白天鹅；从龟兔赛跑中知道只要不断地跑，即使跑得很慢的乌龟也是有可能跑得过快速奔跑的兔子的。父母可以在精神世界里和孩子一起骑着鹅去旅行，环游世界 80 天，问一问孩子海底是否有两万里长，然后和他一起讨论一下关于这个世界的十万个为什么……有这些经历的孩子不会在以后的学习中懒于思考，也不会对动脑筋解决问题感到厌烦。

和孩子在一起，你就可以知道他什么时候开始干一些事情不告诉你而你却了如指掌。干一些大人没有说过不能做的事情，那是一个孩子的主见和主动性的最初表现。但他的主动性往哪个方向发展，能不能真正发展成为同时兼顾他人意见的主动并有所克制，这主要取决于父母对孩子的主动行为的态度。孩子在 3 岁左右，随着自我意识的发展，他就会试着偷偷干一些大人可能不允许干的事，然后试探你的态度，看你会怎么对待。如果大人没有时间和机会知道他做了什么，也不追究他的行为的话，那么他做这些事情的胆子会越来越大，而且做这些事情的惯性力量也越来越强大。相反，如果大人对他刚开始的一些错误小心对待了，那么他对错误的认识就会很及时，这样就很容易获得抗拒错误的惯性力量。

说到这里，我依稀记得我的儿子小时候的一件事情，大概是在他五岁多的时候。有一天我们一家人在学校的一个餐厅吃饭，他先吃完了没事干，我给了他十元钱让他到旁边的红旗连锁超市帮家里买一袋粉丝。他很高兴就去做这件事情。过了一会儿，他回来了，将买的东西放在塑料袋里提给我。因为他是刚开始学习到商店买东西，所以我把口袋打开，想看看售货员给他找的零钱对不对。我看着商店里提供的购物清单，发现儿子除了购买粉丝外，还买了另外一样东西。于是，我便问他，除了买粉丝还买了什么东西。他很惊讶，问我怎么知道他买了其他的东西。我告诉他清单上写着。那时他还不认识多少字，也不知道商店给的清单上有什么内容。他问我："妈妈，我买了什么东西那上面都写着吗?"我说："那当然了。凡是买过的东西，这上面都会有一个记录。"他这才如实告诉我，他买了一种糖，他请一个大姐姐帮他打开，他已经吞到肚子里去了。我很吃惊于这么小的孩子为了不让妈妈知道自己干的事情所付出的努力，念着是孩子第一次出这样的事，这样年龄的孩子还真不知道什么是该做的什么是不该做的，我原谅了他的第一次，但我告诉他东西不是不能买，但不能偷偷拿钱去买，如果真想买什么，可以先和爸爸妈妈商量，买了东西也应该让爸爸妈妈知道。值得庆幸的是，由于儿子这次的胆大妄为被我及时发现，他以后再也没有出现过类似的行为。

和孩子在一起，看看他和其他人的交往，站在一旁看看他和小朋友在一起怎么玩耍，父母便知道自己的孩子有什么样的性格缺陷并且知道该帮助孩子加强什么行为。如果你的孩子在群体中总是很霸道，总是指使别人做什么，并且要所有的孩子都听他的，那么就应该让他体验一下被别人指使的感觉，让他想想为什么有时候别人会不听自己的。如果你的孩子在群体中喜欢攻击别人，总是和别的孩子起冲突，那么就应该让他冷静下来，想想到底和同伴冲突是为了什么。这类孩子也许本身最希望和大家一起玩耍，但是由于自己是社会交往的失败者，不知道该怎么向别人表示友好，怎么向别人提出合理的要求，所以这时候大人要教会他一些基本的交往技能。比如用别人东西前，先向别人提出请求，待得到别人同意后才用别人的东西。如果你的孩子在和同伴交往中处于被孤立的地位，那么这可能是因为他一般能力的不足而让别的孩子看不起他，也可能是因为他胆小抑或内向不愿意和小朋友玩耍。总之，一个孩子在家里的表现只反映出孩子和家人相处的情况，很多孩子在外面的表现和在家里的表现可能很不一样。那些在家里很跋扈的孩子在外面常常是被动和谦让的，那些在家里谦让的能克制的孩子常常在外面很受欢迎。

和孩子在一起，经常和他们谈话，提一些问题给他们，你才能知道他们是如何思考自己和这个世界的。我曾经看过一本育儿方面的书。这本书中说父母在孩子成长过程中必须常常问孩子三个问题："这个问题你这么想，别人会怎么想呢?""你有这个想法可以，但是你想想做了这件事情的后果会怎么样?""这个问题你是这样解决的，还有别的解决办法吗?"对这三个问题的回答可以培养孩子健康和建设性地思考问题和解决问题的能力。第一个问题启发孩子站在别人的角度来理解别人的想法。第二个问题让孩子不仅看到眼前的事实，而且着眼于长远去思考。第三个问题更是让孩子跳出常规的思维方式，创造性地面对一些问题。这样的思考会让孩子永远找得到解决问题的其他办法，即使在他们一生中可能很绝望的时候也能安慰和告诫自己，世界上任何一个问题都有多种答案和可能。

和孩子在一起，就是用一颗平和的心，看着、陪着孩子慢慢长大，分享他取得每一次进步时的快乐，体验他每次失意时的悲伤。不管他走到哪里，在他还没有真正独立之前，我们至少都要知道他在哪里，在干什么。这正如一位母亲对孩子说："孩子，我爱你，所以每当你关门而去时，我都会问你，你到哪里去，你什么时候回来。因为我害怕你出去迷失了方向，找不到回家的路。"

和孩子在一起，慢慢地给他讲着爸爸妈妈是如何长大，曾经摔过多少跟斗，干过多少傻事，爸爸妈妈多么不容易地恋爱、结婚以及如何保持了婚姻、养大了这么个宝贝，让他感受到爸爸妈妈对他的在乎以及对他成长的一些期望，让他感受来到世间是一种幸运和幸福。

和孩子在一起是对孩子的在乎。只要有心，就一定能够做到。

5. 人的品质比分数更重要

三个妈妈在井边打水，一位白胡子老爷爷坐在一块石头上歇着。

一个妈妈说："我那儿子又聪明，又有力气，谁都比不过他。"

第二个妈妈说："我那儿子唱起歌来赛过黄莺，谁都没有他那样的好嗓子。"

第三个妈妈呢，什么也没说。

那两个妈妈问她："你怎么不说说你的儿子呀?"

第三个妈妈说："有啥可讲的，他没有什么出奇的地方。"

三个妈妈打了水，拎着水桶回家去了。那个老爷爷跟在后面慢慢走着。一桶水可重啦！三个妈妈走走停停，手都提痛了，水直晃荡。三个妈妈累得腰都直不起来了。

这时，迎面跑来三个孩子，是他们的儿子。第一个孩子翻着跟斗，像车轮子在转，真好看！女人们被他迷住了。

第二个孩子唱起歌来，声音像黄莺一样，真好听！

第三个孩子跑到妈妈跟前，接过妈妈手里沉甸甸的水桶，提着走了。

三个妈妈问老爷爷：

"看，这是我们的三个儿子，怎么样啊?"

"哦，有三个儿子?他们在哪里呀?"老爷爷说，"我怎么只看见一个儿子啊。"

父母的关注点和价值趋向引领着孩子的发展方向，但是只有很少的明智的人明白我们真正应该关注孩子的什么。现在的许多父母和老师一起塑造了很多考试的英雄。但结果怎么样呢？

最近从《成都商报》上看到这样一篇报道：四川南充地区考生张空谷（原名张非）再次参加高考而被清华大学录取了。2003年他考上了北京大学计算机系，但因在大学里成绩太差而于2004年7月被北大劝退。2005年他又参加了高考，成为南充地区高考状元而被清华大学录取。2007年1月他又因成绩太差而被清华大学退学。孩子能考上清华、北大这样的重点大学不知是多少父母的梦想，但对于张空谷的母亲来说，儿子考清华、北大易如反掌，但这并不是她现在最看重的，她更渴望有一个亲热聊天的儿子，哪怕是平凡一点。儿子读清华时，为了能约束儿子，她曾多次到北京去陪读。她为了孩子吃过很多苦，帮人洗盘子、扫地，患有骨质增生的她忍受着病痛的折磨。她到儿子宿舍时，儿子却只顾和同学打游戏，丢下她在一边傻坐。她对进出北大、清华的儿子只有这样的看法："不会与人相处，不知心疼父母，缺乏自理能力，情商几乎为零。"对于再次以高分考上清华的儿子，她的愿望却是这样的："也不盼着他能有多大成就，只要能自食其力就行了。"

为什么我们总是要等到事情发展到难以弥补的时候才能醒悟？为什么我们的教育总是处于后悔和改造教育中？十年树木，百年树人，教育是最应该做到未雨绸缪的，但是我们在孩子处于最具有可塑性的幼小时候常常不明白我们最应该给予孩子什么。

父母生下孩子，为了让他们在这个世界上能够生存，父母到底应该给孩子一些什么呢？世界纷繁复杂，人们想得到的东西越来越多，但这些东西都不能脱离一个根本，那就是做人的教育，生命的教育。我国教育家陶行知多年前就这么倡导过："千教万教，教人求真；千学万学，学做真人。"

教育是培养人的活动，但人是什么？他应该和其他生命有哪些不同？对于这个问题，古代哲学家荀子作过回答。在和其他物种比较了之后，他认为水火有气而无生，草木有生而无知，禽兽有知而无义，人有气、有生、有知而且有义，故最为天下贵也。人区别于其他生命之处在于义节，义节表现为一些高尚的情操。在这里我将人所应具备的义节简化为人的心，做人得有心，无心者只是徒具躯壳而已。由于人心的内容仍然很繁杂，我又只好抓出几种重要的心理品质来谈。

首先，我们培养的人应该充满爱心。爱心是成长的动力，爱心决定了我们对周围世界和自己的态度。没有爱心，难以找到生命的意义，这样的人只能从世界拿走东西，或者让这个世界有所损坏，而不能为这个世界创造一点有价值的东西。正如个体心理学家阿德勒所强调的，生命的意义不可能在自我封闭的精神世界中找到，人总要面对必须面对的人，而不只是他自己，因此只能从对社会的兴趣中去完成意义的寻找。生命在爱中生长，最后获得力量又以爱回报社会。因为他们曾经被爱过，所以他们自爱。又因为他们自爱，所以回报社会以爱。多少年来，人类就在这样的循环中繁衍不息。我常常听到一些学生说，他们要努力学习，让自己的父母过上好的生活。我也常常看到那么多的人因为有爱而在艰难地不断努力，他们能够克服常人难以克服的困难。爱让生命有了目标、方向和动力。

但现今的孩子，常常被人们说成是缺失爱心的。这真是当今教育中一个奇怪的现象。父母用心良苦爱着孩子，可是许多孩子并不理解和领情。看来，爱心的培养还是颇有讲究的。由于我们整本书都在讨论爱的教育问题，这里我只特别强调几点。父母如果希望孩子将你的爱心看作爱心，那你就首先要知道孩子对爱心的理解。家庭教育中出了问题，我们总能看到一种现象，那就是父母所说的爱离孩子理解的爱很远。虽然父母很多时候的付出是不求孩子回报的，但我们要知道作为一个孩子不能没有回报之心。一个人除了接受别人的爱心付出，还必须对他人的付出能够感恩、能够回报，这样才能保证他在内心建立付出与得到的平衡，从而对外界不会有亏欠感。

爱心的培养应该从感受爱开始，所以一个生命来到世间，周围环境应该尽可能地提供给他充足的爱。这里面不仅是生活上得到照料，还包括被经常拥抱、有人在他身边关注着他的各种需要、逗他笑等等，这样会建立起他对世界的信任和好感。这之后，无条件的爱逐渐变成了一些有条件的，比如对孩子的行为有些要求，当他们的行为不符合规范的时候，有人能够让他知道那是不合适的。以此为基础，我们要强化他那些对他人友好或对他人付出的行为，比如当他拿东西给别人吃的时候，我们要通过微笑的表情、赞美的语言来强化他的积极行为，并不断地让他的爱心表现由近及远。先从关爱身边的人开始，关爱父母和其他亲人，然后爱老师、爱同伴，再往后对整个社会充满关爱之心，关爱所有那些需要帮助和期待关怀的人，最后形成对整个世界的亲近和付出的心态，建立起自己与世界的一种开放关系，感觉到世界与自己息息相关，因而具有独特的意义。

其次，我们培养的人应该充满责任心。责任心是能力的催化剂，是心智成熟的标志。有人说，当一个人感到有一种力量推动他去飞翔的时候，他是决不会去爬行的。那么让人向上飞翔的推动力是什么呢？责任心就是这样一种推动力。当一件事情或一种形势需要有人出来改变的时候，往往是责任心强的人首先感觉到自己需要做点什么。他们往往对自己要求很高，总是考虑到别人的需要，所以他们总是有更多的发展机会。可是现在的孩子由于成长环境相对单纯，他们常常生活在被许多人照顾的环境中，他们没有机会来表现对家庭、对他人的责任，他们基本上没有从内心体验到要对他人承担责任的必要性，因此他们获得优裕物质条件的同时，也在失去一些对他们成长有利的条件。要改变这种情况，办法还是有的。当我们的孩子不用再像他们的父辈为生计而奋斗的时候，他们应该被引导到为更高的目标而努力奋斗，比如为社会做更多有益的事，为国家甚至为人类社会的发展而奋斗。

虽然责任心看起来不是一种太容易培养起来的品质，但事实上任何难能可贵的品质都是从细小的事件中培养出来的。家庭是培养孩子责任感的重要场所。孩子都爱家庭，所以为家庭而努力是他们能够自然接受的道理。家庭中应该尽可能多地为孩子提供做事的机会，让孩子能够料理自己的生活，为家庭成员提供简单的服务，适当分担家庭的事务，尤其是当家庭面临重大问题和困难时，把它讲给孩子听，征求他对家庭事务的意见，这些都有利于培养孩子的责任感，并且会强烈地催生孩子应对问题的能力。

最后，我们培养的人还应该具备坚强的品质。随着社会的发展，从现象上看，似乎人们的生活越来越轻松，但实际上，生活的内容是越来越复杂，生活的确定感越来越低，每个人将会遭遇到的生存压力也会越来越大。所以，生活在现今和将来社会的人，首先必须面对的任务就是学习在一个充满压力的社会环境中生活。我时常看到一些受教育达到大学程度的人，他们在这方面依然欠缺。或许是过去的经历比一般人都顺利，所以他们在面临一些可能丢失面子、受到委屈、暂时看不到光明的时候，比如别人说了句自己不想听的话、考试不及格、没有连任上班长，或者是被恋爱的异性朋友抛弃的时候，他们会轻易选择自暴自弃甚至放弃生命。所以如何让我们的孩子从小就学会坚强，这将是我们的教育应该首先解决好的问题。要让孩子认识到：如果生命已不存在，如果我们没有一个基本的积极面对困难的心态，发展又从何谈起呢?

现在许多父母已经充分认识到能够吃苦、坚强进取的品质对孩子成长的重要性，他们不惜花钱把孩子送到一些专门的学校或机构去受苦。我其实是不太赞成这种做法的。我一直相信生活本身是最具有教育意义的场所，也是最经济有效的教育手段。如果不是人为给孩子制造温室的环境，那么孩子们自己的生活本身就能给他很好的教育。

坚强品质的培养最好是从孩子面临的具体问题开始。比如，我们或多或少都有一些短处和缺陷，我们都会面临着来自各个方面的局限。这种局限可能是生理上的，也可能是精神上的。人来到世间，带着先天的发展迟缓，适应能力甚至不如猫、狗之类的动物。相对于他所生长的环境而言，他有弱小、无知的缺陷。随着他的长大，与同龄的孩子相比，他可能智力上不那么拔尖，也可能不具有特殊的体育才能，还可能相貌平庸。尤其在一个激烈竞争的社会，有太多的理由让一个人感到自卑，感到自己的心灵不断被进攻和摧毁。但是这些缺陷和不足如果被超越，它们就会对人的成长构成特别的意义。不管是凡人还是伟人，都有自我超越的必要和可能，正是不断超越，人类越变越勇敢。

自我超越表现在生命的每一时刻。首先，人们的自我超越表现在成长的每一步中，从完全依赖母亲的乳汁生存到主动将各种能够营养自己的食物吃进肚子里，从头都不能抬一抬到能够支撑整个身体健步如飞，从对外界只有注视到能够用语言表达自己复杂的想法等等。总之，人能够摆脱别人的帮助靠自己独立地生活，这种超越我们将它定义为成长。其次，超越还表现在人们对社会的付出和贡献中。从孩子对世界的第一次哭泣和微笑开始，他就在用自己的行为让人们感受到存在的意义：哭泣让父母感到孩子多么需要自己，微笑让父母知道自己的行为符合另一个人的需要；然后，在逐渐长大中，大人回家时孩子为大人提来拖鞋，大人口渴时孩子端来一杯水，大人生病时孩子带去问候和帮助；再往后孩子的能力越来越强，他会主动去关心那些需要关心的人，他还将通过选择一些职业为更多的人服务。当然他也可能会做出造福所有人的重大的社会成就，即使不能取得这样的成就，他只能过平常的生活，很多人也能通过生育孩子为社会创造出一个生命，来使社会得以延续。这种超越我们将之定义为创造。第三，超越表现在我们的态度的自由上。在一些特殊时候，我们可能什么有意义的事都不能做，我们失去了人身自由，或者是我们面临疾病的恐惧，死亡的威胁，或者我们作了主观努力，仍然不能对绝望的境地有什么改变，我们将被剥夺掉一切有价值的东西。根据弗兰克尔的观点，在这种情况下，我们还可以实现一种超越，还有一种自由，那就是我们可以选择对待这种事件的态度。我们仍然可以选择接受、坚持和永远不放弃努力，在绝望中等待机会。这种超越最容易让人感受到生命的力量，这一点在那些因为身体缺陷、遭遇厄运而最终取得成功的人身上体现得最为明显。

6. 引领孩子的视线越过金钱这面围墙

下面是一位农民父亲写给儿子的信，看过之后，它让我有收藏起来和传递分享的冲动。

孩子：

今天收到你从大学寄回来的信，难得你能够体验到父亲的辛苦与不易。你可知道，父亲心中在想什么吗？几千年来，农民养育儿女都摆脱不了“养儿防老”和“有儿女就有靠”的观念，也就是说一切辛苦只不过如此而已。而我不是这样认为的，我以为送儿女读书，不过是为了尽自己的责任，当一个称职的父亲。

每当你迎着朝霞，开始一天生活之时，你可知道，你的学习机会是父母用血汗一分钱一分钱凑起来的，你可想到这一天的每时每刻如何去安排、去珍惜、去奋斗呢？每当你坐在那宽敞宁静的教室里聆听老师的讲课时，你可知道你的父母正脸朝黄土背朝天，耕种着五个半人的田地和生产出成担的蔬菜、菜苗出售，而这一切除去昂贵的化肥和公粮，又有多少收入呢？每当你端着香喷喷的白米饭时，或者看着同学有钱买肉菜吃而你没有钱买，心中很不是滋味时，你可知道父母手中端的又是什么呢？为了供养你们兄妹三人读书，我们必须节约每一粒米，吃的是粗食杂粮。每当你午饭后在树荫下闲游或和同学嬉笑的时候，你可知道父亲正挑着菜担在满街叫卖呢？每当你在晚霞的余光下欢笑、歌唱时，你可知道父母也许赶了远场才回家，还没吃午饭，却赶忙去扯菜秧、弄菜。可恶的毒蚊子叮满了你妈妈的双手和脸，她却只有忍着；寒风吹裂了你父亲的双手，血印斑斑，他却还要伸进冷水里去洗菜呢。每当你躺在床上进入梦乡时，你可知道，你可梦见父母还在煤油灯下、蓄电池灯下或月光下，一根一根地扯着菜秧，数着，扯着，扯不尽，数不完，一直到把第二天赶场的菜准备好才上床睡觉，那床又能挨身几多时间呢？

孩子，我们的每一分钱都是用血汗换来的。为了你们能读上书，我们却又是那样毫不吝啬。难道我们真是傻子吗？可你现在又觉得读书无用想去挣钱了。是的，在三十多年前的中国大地上也有人这样认为，那是“文化大革命”造成的“读书无用论”，只要家庭成分好，政治条件好就有官当，就有工作做，就有钱用，致使生产力停止和倒退。

而现在是“经济风”造成了读书无用论。一些人没读多少书也赚了不少钱。可是孩子，难道人人都只靠运气、欺骗、投机取巧而生存、发展吗？我就是没有多少知识和本事，已经不适应当今的社会发展。将来的时代是竞争的时代，是有知识有能力的人各显神通的时代，没有知识没有能力的人只有穷一辈子的。我没有什么本事留下什么财富给后代，所以我竭尽全力要留下有知识的后代，你明白吗？

……

当然，你羡慕人家穿得好、吃得好，又有零用钱，我没有足够的这些给你，我只有足够的良心、足够的志气给你。一个人只要志气不衰，不怕穷，穷则思变。一个人也不要怕自己低能，低能并不等于无能，哪有天生的能力呢？一个学生怕就怕自己不承认自己的缺点，不改正自己的缺点；怕就怕似懂非懂，不懂装懂，只要虚心向老师和同学求教，同学会伸出温暖的手帮助你，老师也会热情地关心你。

孩子，一切都是靠自己创造出来的，一切都得自己去创造。

爸爸

"你羡慕人家穿得好、吃得好，又有零用钱，我没有足够的这些给你，我只有足够的良心、足够的志气给你。"好一位伟大的父亲！真实地面对了自己贫困的境地，更难得的是面对贫困的智慧和信心。有了这样真实、坦然、积极的面对，他的孩子不会在贫困面前抬不起头，他的孩子会知道世界上有比钱更重要的东西。

钱是重要的，但还有很多东西比钱更重要。首先我想到的答案是挣钱的能力，自食其力、自力更生的能力。钱再多也是有限的，而只有挣钱的能力才会让一个人永远拥有财富。一位残疾的母亲通过自己的劳动赚了几千万，在她的两个孩子行将成年的时候，她却把孩子叫到自己的身边，跟孩子们签订了一个协议，让孩子们不继承她的财产。这个事件后来成了媒体讨论的一个话题。一位父亲模样的人很是不理解地问这位母亲："你不让孩子继承财产，那你挣那么多钱干什么？"那位母亲回答道："我不认为在他们这么年轻的时候钱对他们有什么用。我曾经很穷，后来变得富裕，再后来又几乎倾家荡产，后来又通过努力挣回一些财富。我的经历让我明白，对一个人而言，重要的不是他有没有钱，而是他是否准备挣钱和能否挣钱。”又是一位战胜了个人金钱欲望的智慧母亲！

我还想到了一样比金钱重要的东西，那就是对生活的希望。从人能够获得的快乐而言，金钱给人的快乐是有限的，物质充裕使一个人生活无忧，但真正激励人的精神的是人的奋进。接下去我要讲的是另外一位母亲。这位母亲自己开着一个餐馆，生活相当富裕。结婚后，生下一个体重只有 1 000 克的盲眼女孩，尽管这样，她还是爱着这个生来带着缺陷的孩子。她该怎么办呢？是请一个人来照顾孩子的一生，还是想办法对孩子做点别的？这位母亲凭着自己对生活的理解，她知道对孩子最大的帮助不是让她一辈子依赖别人而衣食无忧，而是要让这个孩子靠自己去生活。于是，她卖掉了生意兴隆的餐馆，带着钱回家去伴随孩子成长。她让孩子学会了骑自行车，并且能够自己去上学，回家后还能够帮助家里做些家务事，孩子上中学后居然会抽出一些时间做饭给爸爸妈妈吃。尽管孩子在这个过程中吃过很多苦，但是她却从不抱怨，因为她从自己吃苦中感到了自己的成长和快乐。在她从盲人中学毕业时，她进行了自己的演讲：“我感谢母亲对我的付出，我最大的愿望就是希望母亲从此不再为我流泪，要流的话也希望她流的是幸福和欣慰的眼泪。”后来，她和母亲一起，将自己的经历写成了一本书，书名为《我在黑暗中拥抱希望》。

我看到了越来越多的父母正在带给孩子以希望，有推着轮椅让残疾女儿去北京大学读博士的父母，有通过自己努力让脑瘫儿能够开演唱会的父母，还有让患自闭症的儿子有机会参加了残疾人奥运会的母亲，当然还有很多通过自己的艰辛努力让孩子能够过上平常生活的父亲母亲们。他们给予孩子的都不是简单的钱所能比及的，都是比金钱重要得多的精神财富。

7. 批评惩罚也是爱

在我国某城市，有一独生女儿，聪明伶俐，长得又很漂亮。父母从小将她视为掌上明珠，溺爱娇惯，什么要求都满足，什么好吃的东西都留给她。即使女孩犯了错误，父母也从来舍不得打骂。女孩从小任性，上学以后，更是随性而为，根本不接受父母管教，只知吃喝玩乐追求打扮，无心学习，成天东跑西颠，旷课逃学。父母都是共产党员，自认为“红色家庭”里不会出“败家子”。在父母的放纵下，女孩长成少女后，和一些不三不四的人一起鬼混，常常彻夜不归。这时候父母才意识到女儿的问题，但是孩子已经在错误的路途上走得很远。父母根本不敢管她，一管她就顶撞，再管她根本就不回家了。后来她参与打群架，被扎伤住院，父母感到这样的女儿实在让家庭蒙羞，不去医院看她，就当没有这个女儿存在。可是她的哥们儿和姐们儿却是一拨一拨地带着水果罐头和其他东西去探望她。女孩觉得关键时候还是自己的哥们儿姐们儿好啊，于是她更仇恨自己的父母，干脆连家都不回了。后来，她的父亲不幸生病住院，她的哥们儿姐们儿都劝她回家去看看，可是她却撂下一句话：“他们没有我这么个女儿，我也没有这样的父亲！”

孩子是不成熟的人，是正在成长的人，所以他们肯定会犯错误。为了让他们能认识到错误并改正错误，让他们吃点苦头，有点痛苦体验是必要的。人在成长过程中不能只品尝过蜂蜜，而没有尝过胆汁，所以在赏识教育普遍被人们接受的今天，我仍然认为教育惩罚是必要的，甚至坚信教育本身就包含有惩罚的因素。从上面这个案例来看，这个女儿从小被娇惯，任性的行为不断地被父母迁就，结果弄得一个女孩子好坏不分，黑白颠倒，不仅让父母伤透脑筋，也让自己很难回头。这种教育悲剧在现实生活中时有发生，让我们不得不再次深刻地认识到：赏识和尊重的应该是学生的健康个性，教育就是要对学生心灵里滋长的一切错误的东西采取毫不妥协的态度，真正的教育应当将奖励和批评结合起来，没有惩罚的教育是不完整的教育，也是虚假和脆弱的教育。

但相对于人容易接受表扬、爱听好话的本性而言，批评惩罚终究是对孩子不良思想、行为、品德等方面的否定评价，犹如苦口良药，不容易被孩子们接受。记得有一次我问我的儿子："你觉得是你们的老师好，还是妈妈好？"儿子老实地对我说："我觉得老师好。"我急切地问："为什么？"儿子回答我说："因为我犯了错误老师不批评，即使批评也不那么凶，可是妈妈就总是批评我的错误。"听了之后，我一时无语。我知道他只是个孩子，还不知道苦口良药之类的道理。在家里转了一圈以后，我突然顿悟，我必须告诉儿子，妈妈的批评也是爱，而且是比表扬更艰难的爱。可是我该用什么办法让他理解这个道理呢？是呀，当你一边哭着一边打骂着孩子时，当你苦口婆心地给孩子讲那些他还不明白却应该明白的道理时，你如何做才能让孩子认识到批评惩罚也是父母饱含深情的爱呢？

根据教育的经验和儿童的思维特点，我知道讲故事是最容易让人明白道理的方法。面对儿子的误解，我决定尝试一下给儿子讲故事来帮助他明白道理。针对他对妈妈批评的认识，我给他讲了"小时偷针，大了偷金"的民间故事：一个儿子长大了却犯了严重的错误，他因盗窃国家金库被判处死刑。临刑前他想见妈妈一面。他妈妈到来时，他跟妈妈说："你把你的耳朵伸过来，我要和你说句悄悄话。"母亲信以为真，就把耳朵伸了过去。没想到的是，儿子什么也没有对妈妈说，却猛然把妈妈的耳朵咬了下来。母亲很是不解，儿子气愤地对妈妈说："你知道我今天要死了，可你知道是谁把我弄成这样的？是你啊！小时候，我从别人家里拿回来一根针，当时你正在缝衣服又赶上针断了，你对我说‘这根针正好派上用场’。后来，我们家的鸡窝里没蛋，别人家的鸡窝里有蛋，我把别人家的蛋拿回我们家，你和我一起煮来吃了，还跟我说‘这个蛋真香’。从那以后，我偷的东西越来越多，胆子也越来越大，以至于到后来敢盗窃国家的金库。”讲完故事后，我问儿子：“这个故事说明了什么道理？”我原本只想让他尝试思考一下就行了，没想到他却条理清晰地对我说：“如果一个人犯了错误，大人不批评，他就不会改正错误，所以错误也会越犯越大。”我惊喜地抱过儿子，心里充满感慨，对儿子说：“那你明白为什么妈妈要批评你了吗？”他用劲地点了点头。这件事情以后，每当我再遇到一些父母不知如何面对孩子的错误时，我都会对他们说：“一定要把该讲给他的道理讲给他听，而且要越早越好，尤其是要在思想成型前，用他能够听得懂的方式。”

当我们的孩子表现出一些不良行为时，除了用故事来让他明白道理外，其实还有另外一些好的方法可以让惩罚也变得有诗意，体现出艺术性。比如，如果孩子干一些大人不愿让他干的事只是为了引起人人的注意，根据行为主义的原理，那这时最好的办法就是不予理睬；如果孩子的行为是为了故意和你争斗，那最好的办法就是不要让双方处于争斗的位置，父母宣布停止战斗，暂时回避一下，等事情凉一下以后再来处理。因为争斗的结果只会让双方都更坚信自己是正确的。总之，孩子的行为各种各样，行为发生的情景也各不相同，当你要准备惩罚孩子时，下面这些方式可以帮助你在不伤害你和孩子的感情的前提下达到惩罚孩子的目的。

首先，你要知道惩罚的目的是为了让孩子能够认识错误和改正错误，不是为了宣泄自己的不满情绪。很多父母在孩子有缺点、错误和过失时，生气是可以理解的。为了孩子改正缺点、错误，采取必要的批评惩罚也是应该的和正确的。但是，仔细考察一下父母在孩子犯错误时采取的行为所得到的效果，大多数父母都会发现自己的生气、流泪、体罚等常常没有让孩子明白自己错在哪里，怎么改。所以父母在惩罚孩子之前一定要督促自己保持理性，不要一气之下采取一些过火又没有效果的行为。

其次，在惩罚孩子前，要给他讲清楚为什么你要对他实施惩罚。只有批评惩罚是公正合理、恰如其分时，孩子才会感到批评惩罚是对他的关心和爱护，才不至于把批评惩罚看成是父母对自己“出气”，也才不会对父母产生对立、反抗情绪。为了做到这一点，父母在批评惩罚孩子前一定要作调查，确认惩罚孩子的具体原因。因为父母有可能错误地理解孩子的行为，所以有必要给孩子提供申辩的权利。现实生活中，我们很多时候主观臆断，甚至不问缘由一听到孩子有什么坏行为，就劈头盖脸地一顿骂，或者是拿起身边的棍棒就打，结果我们不知道错误地惩罚了多少孩子。

然后，我想说说体罚的问题。体罚是最有负面影响的教育方式，不仅效果差，而且会伤害父母和孩子之间宝贵的亲子感情。但是因为它使用起来比较简单方便，而且由于传统的“黄荆条子出好人”观念的根深蒂固，人们总是对体罚使用得比较多。过多的体罚除了造成孩子对父母的怨恨外，也会严重地伤害孩子的自尊心和对自己成长的信心。有一首《挨打歌》是这样的：“首次挨打战战兢兢，两次挨打哭个不停，十次挨打眉头皱紧，百次挨打骨头变硬，千次挨打功夫练成，不怕挨打酣然入梦。”

最后，在实施惩罚前，拥抱孩子，或者用其他习惯的方式向孩子表达爱，并且用眼睛亲和地看着他，坚定地对他说：“孩子，我爱你，但是你做错了事情，我又是你的爸爸（或妈妈），所以我有责任必须惩罚教育你。不过你可以选择惩罚的方式。”父母可以根据孩子错误的轻重给孩子提供多种选择的惩罚方式，比如，把先前承诺的奖励取消、多写一篇日记或做其他练习、面壁盯着一个东西看一定的时间、扣除零用钱、干 10 天某项家务等等。由于这些惩罚一定程度上是孩子自己的选择，所以他会对每一项惩罚进行权衡。一般孩子都不会选择皮肉之苦。这些惩罚方式一定程度上对孩子有积极意义，所以这样的惩罚也是在围绕一定目的对孩子进行教育。

8. 为孩子的成长确立适当的目标

唐太宗贞观年间，长安城西的一家磨房里，有一匹马和一头驴子，它们是好朋友。马在外面拉东西，驴子在屋里推磨。后来这匹马被玄奘大师选中，一起前往西天取经。17 年后，这匹马回到长安。它重到磨房会见驴子朋友。老马向驴子讲起路途上神话般的境界和经历：浩瀚无边的沙漠、高入云霄的山岭、波涛滚滚的大海。驴子惊叹道："你有多么丰富的见闻呀！那么遥远的道路，我连想都不敢想。"马说："其实，我们实际跨过的距离是大体相当的，当我向西域前进的时候，你一步也没有停止过。不同的是，我和玄奘大师一直有一个目标，按照始终如一的方向前进，所以我们打开了一个广阔的世界。而你被蒙住了眼睛，一生就围着磨盘打转，所以永远也走不出这个狭隘的天地。"

目标是人们对事物未来发展状态和水平的一种期待，是取得成功的内在动力。目标引领方向，正如上面的马所说的："我和玄奘大师一直有一个目标，按照始终如一的方向前进，所以我们打开了一个广阔的世界。"而对于做父母的人而言，如果不能接受孩子发展的随意状态，而是对孩子的发展充满期待，那首先就要帮助孩子确立起目标。

有没有目标对一个人的成长影响很大，家庭为孩子成长树立目标意味着对孩子的成长重视并且有要求，这样一来就不至于让孩子对自己轻视和过于随意。心理学家哈尔茨曾进行过一个比较研究。他选择了两组男孩，一组是打算上大学的，另一组是不打算上大学的，而这两组男孩本身都具有足够的智力上大学，他们的家庭经济状况也相同。结果表明，希望上大学的男孩的父母，有三分之二以上明确提出了孩子上大学的要求；而不想上大学的男孩，他们的父母只有百分之几提出过这样的要求。希望孩子上大学的父母深知教育的重要性，认为职业界最终是按照接受教育的程度来安排工作的，确信缺乏教育是难以取得成功的。因此他们经常鼓励自己的孩子认真学习，并准备上大学。而不希望上大学的学生的父母大都对高等教育只有一个模糊的概念，对自己的境遇多少采取听天由命的态度，因而很少对自己的孩子提出较高要求。

但是，并不是所有的目标都能激励孩子成长。对孩子有积极意义的目标首先应该是适合孩子的能力倾向，在孩子的优势领域内的。如果孩子生来喜欢看书，而对体育不感兴趣，那家长就没必要一定要让孩子成为体育明星；如果孩子生来具有运动才能，家长也没必要因为自己对体育的偏见而非得让孩子放弃自己的所爱；如果孩子很想成为一个摇滚歌手并愿意为此付出艰辛和努力，那家长也没必要因为自己对摇滚乐的不喜欢而坚决反对孩子的选择。当然，如果一个孩子不想上大学或者是上了大学后想放弃学业，这在我们现在的社会情形下很多父母是难以想通的，但是如果孩子有充足的理由或者已经寻找到了更有意义的事做，为什么我们的家长不学一学比尔·盖茨的父母呢？

对孩子有意义的目标常常还具有另一个特点，那就是父母期待孩子发展的程度适合孩子的能力发展范围，是一个孩子通过现有努力能够实现的目标。一些家庭由于害怕孩子遭遇失败，常常给孩子确立较低的目标，但这样的目标即使实现了对孩子的意义也不大，因为他们在这个过程中没有面临真正的挑战，孩子实际上在重复做着一些低水平的事情。另外一些家庭则倾向于为孩子确立一个孩子通过现有努力实现不了的目标，这样让孩子总生活在不能实现目标的失败中，不仅没有成就感的体验，而且还会因为让周围的人失望而感到内疚，这种情况常常导致这样几种结果：孩子自暴自弃，因为反正会让大家失望，还不如永远让大家不要对他寄予期望；因为对自己缺乏胜任感的体验，意识到自己怎么努力都无法实现目标，所以干脆采取回避的方式，比如逃学、离家出走之类；因为对自己不满意，为了寻找心理平衡，就从外人身上找原因，结果将自己内心的压抑归因为外界的压迫，于是他们选择伤害他人，有时候甚至伤害亲密的家人。比如金华的徐力事件，在他杀害母亲后，有记者问他原因，他却回答说："我母亲太累了，我也太累了。"所以，只有那些恰好切合孩子水平并且能诱导孩子继续努力的目标才有可能实现，也才可能带给孩子们快乐和动力。

确实，确立目标也不是一件简单的事情。很多家长常常对孩子说："你看看张三家的孩子怎么怎么样，你看看李四家的孩子又怎么怎么样。"他们以为这样就为孩子树立了学习的榜样，但是他们不知道，张三家的孩子有张三家的特点，李四家的孩子有李四家的特点。世界上的每个孩子，就像树上的树叶，即使长在同一棵树上，他们也是有很大的不同的。他们的不同几乎表现在各个方面，先天禀赋不一样，身体素质不一样，体型结构不一样，连眼睛大小、视力、注意范围等等都会不一样；他们出生的顺序不一样，出生时父母的年龄、身体状况等等也不一样；他们的兄弟姐妹数量不一样；他们身体的能量不一样，心理能量也不一样；他们的能力倾向不一样，个性特点也是有太多的不同；他们对周围人的态度不同，周围人对他们的态度也不一样；他们的成熟速率不同，有的人早熟，而有的人偏偏心智成熟比较晚；他们遇到的人不同，所以对人的看法不一样；他们选择的职业不同，所以他们干的事情也会各不相同……既然有这么多的不同，我们为孩子确立目标时，只有更多地尊重孩子自己的感受，采用一个动态的原则，针对孩子当前的水平。实际上，我们很难准确地说为孩子确立什么目标是最好的，其实在这个问题上没有最好的目标，只有适合不适合的目标。写到这里，我想起以前曾经读过的一首诗，它会对我们有很大的启发。

无 题

〔美〕道格拉斯·玛拉赫

如果你不能成为山顶上的高松，那就当棵山谷里的小树吧——
但是要当棵溪边最好的小树。
如果你不能成为一棵大树，那就当丛小灌木；
如果你不能成为一丛小灌木，那就当一片小草地。
如果你不能是一只香獐，那就当尾小鲈鱼——
但要当湖里最活泼的小鲈鱼。

我们不能全是船长，必须有人来当水手。
这里有许多事让我们去做，有大事，有小事，但最重要的是我们身旁的事。
如果你不能成为大道，那就当一条小路；
如果你不能成为太阳，那就当一颗星星。
决定成败的不是你尺寸的大小，
——而在于做一个最好的你！

9. 促进孩子自我教育

在印度流传着这样一个古老的传说：

> 在遥远的古代，人类拥有无穷的神力，在大自然中快乐地生活。但人类不知道珍惜自己的神力而滥用，惹怒了最崇高的造物主勃拉玛，他决定剥夺人类的神力，并将它安放在一个人类难以觉察的地方。于是，勃拉玛召集众神商议将神力藏于何处最保险。众神七嘴八舌议论开来，有的神建议将神力放在最高的山峰顶上，有的神提出将神力藏于海洋的最深处，有的神提议将神力埋入坚硬的岩石中。但所有的意见都被勃拉玛否定了，他说："再高的山峰也挡不住人类取回神力的决心，再深的海洋也会有人类潜入并将神力带回陆地，再坚硬的岩石也将被人类砸开……"最后，无比智慧的造物主想到了一个主意，并得到众神的一致赞同。那就是将神力放置于人类的内心深处，那是他们唯一不懂得寻求的地方。

如今我们知道如何在牡蛎壳中发现珍珠，在山里发现金子和在地下找到煤矿，但我们却没有意识到当儿童降临世界时所隐藏着的使人类复兴的精神胚芽。儿童教育专家蒙台梭利曾经提出过，儿童有一种能够吸收知识的心理，他们能够自己教育自己。这一观点只要我们简单地观察一下即可证实。儿童在其成长过程中能够自如地模仿父母的语言，然而对于成人来说学会一种语言也是一个非常巨大的智力成就，但是对于儿童来说，即使没有人专门教他，渐渐地他也能学会自如地使用名词、动词和形容词。可以说每个儿童都有一位辛勤的教师，其教学技巧之高可以使世界各地的儿童都取得相同的成就。人们说得最好的语言就是在没有人能教他们任何事情的婴儿期学习的语言。不仅如此，如果儿童以后学习另一种语言，即使没有人专门教他，他也能讲得同第一种语言一样完美。因此一定有一种特殊的能够帮助婴幼儿发展的心理力量在起作用。而且这不仅对于语言，因为 2 岁的儿童已经能够识别周围所有的人和物。儿童毕竟要认识周围所看到的事物，要了解和适应我们的生活方式。在成人的智力能够影响和改变儿童之前，儿童已有机会建筑起完整的心理结构。

教育是为了不教育。可是现在许多父母并没有认识到儿童具有的成长力量，他们总是想方设法往孩子头脑里灌输，以为往里面灌得越多，孩子获得就越多，殊不知这样的过度教育恰恰压抑了孩子自我教育的力量。又有些父母害怕孩子在成长过程中有一些闪失，所以总是帮孩子料理了许多本该孩子自己料理的事情。于是，孩子养成了对父母的依赖，有的甚至成为终身被父母照顾的孩子。

有很多家长问过我："有没有什么办法帮助我们不打孩子不骂孩子就能教育好孩子?"这个问题其实问得很好。长期以来，我们的教育文化是赞赏和支持惩罚甚至体罚孩子的，所以"黄荆条子出好人"成了千古的教育信条。但是，在专制社会里管用的惩罚在逐渐走向民主的社会里受到了前所未有的挑战，孩子们不怕挨打了。常常听见他们说"你们干脆打死我算了"，甚至他们敢于反抗了。面对父母的暴力行为他们常常选择离家出走或者是向对他施暴的人拳头相向。

在这方面我也有过和许多父母一样的苦恼。为了让孩子能听得进去大人的意见，为了在孩子面前树立起父母的威信，打骂、训斥、动之以情、晓之以理，这些手段全都用过，但逐渐发现这些方法很蹩脚，用起来心里不舒坦，而且在孩子面前变得越来越没有威信。后来在一件事情上，我开始觉悟了。

记得儿子三岁左右的时候，有一天他学习骑自行车，我怕他摔倒，总是扶着他。随着他越骑越快，我开始跟不上他了。在前面一个拐弯处，我大声地叫着："儿子，走右边，左边很危险!"不料，他在远处也大声对我说："妈妈，你走你的右边，我走我的左边。"我心里很着急，但是也没来得及阻止他，他走了他的左边。没料到的是，他一个人走在狭小的左边道路上，很小心地骑了过去，而且居然没有出什么问题。等我追上他的时候，他还跟我说："妈妈，这条路太窄了，你可要小心点。"听见他对我这么说，我很吃惊，因为这原本是我要对他说的呀!

这件事情之后，我开始明白，很多道理只是说给孩子听他们是难以理解和相信的，他们需要不断去尝试，在行动中去体悟。每一件事情都会对孩子有教育意义，尤其是行为的自然后果会让孩子学到很多。

再后来，我便能够笑对儿子的许多不听话的行为了。

随着儿子的长大，儿子走路变得随意了。他随意走路我却很操心。为了使他不摔倒，我总是带他走大路，可是他常常喜欢走小路。我常常叮嘱他走平路，可是他却专门选择走坡路。万般无奈之下，我对他说："懒得管你了，你想怎么走就怎么走吧，但是摔倒了你自己负责。"结果不出我的意料，他吃了大苦头。有一天在学校的一座假山旁边玩的时候，他的脚被一块石头绊了一下，摔了一跤，结果额头撞在一棵树上起了一个包块。过了几天，他在学校金鱼池旁边走路，而且觉得走在池子的边沿上特刺激，却不小心摔进了金鱼池。又过了几天，他在外边玩又摔了一跤，额头上没消掉的包块被摔得更青了。看着他痛苦的样子，我边给他涂药水边对他说："儿子，很疼吧!以后走路还是小心点。"他很乖巧地靠在我的胸口上。从那以后，他走路变得小心了。学校里的一个老师后来对我说："你儿子很有安全意识哦。那天我看见他过马路，他居然知道先左看看右看看再跑过去。"

随着儿子的长大，他的主观愿望也越来越强了。这时，我奉行的原则是，不能迁就的决不迁就。比如，他走路要我抱，我觉得不能抱他的时候，我是坚决不抱的。尽管他可能会大哭，但是他哭他的，即使他在地上打滚，我也不会“投降”的，因为我不想强化他通过哭、打滚这些方式来达到目的。但在一些可以选择的行为方面，比如带多少玩具出去玩、喝哪一种饮料、走哪条路回家这些行为，我只是给他提建议，然后由他自己做决定，自己对自己的行为负责。我印象最深的是一次买饮料的事件。有一次出去玩，他渴了，我就带他去路边商店买水喝。平日里我总是买果汁给他喝，那天当我又准备给他买果汁的时候，他却要买一种绿茶。因为我不喜欢喝绿茶饮料，于是我对他说绿茶不好喝，可是他很肯定地对我说：“妈妈，它肯定好喝。我没喝过，你怎么能说它不好喝呢?”我想了想，也是呀，他喝都没喝过，我怎么能主观臆断地告诉他绿茶不好喝呢？我不好强行要求他，只好对他说：“那好，你可以买绿茶喝，如果不好喝，你也得喝，在喝完绿茶前，我是不会给你买别的饮料的。”他爽快地答应了，我让售货员拿给他绿茶，他急急忙忙打开瓶盖，往嘴巴里倒了一口，很快地又吐了出来，然后大声地对我说：“妈妈，不好喝!”我看着他，什么也没说，突然他像一下子理解了我刚才对他说的话，对我说：“妈妈，咱们赶紧回家吧，今天我在外边不喝水了，回家去喝矿泉水。”以后类似的事件还发生了一些，每次我都把道理讲在前面，然后我会温柔而坚定地坚持我说过的话，最后我发现我和儿子的关系有了些变化，他好像对我所说的话越来越能接受了，有时候还主动问一问我对一些问题的意见。

大自然真是很奇妙啊！其实，有时候我们不用对孩子的行为过于担心，只要他们不断在做一些事，他们就在验证他们的想法，他们就在总结经验和教训，于是他们也就知道有的事该做，有的事不该做。比如，孩子不喜欢吃饭，那就让他饿一饿。如果家里控制了零食，饿两顿之后，再不喜欢吃饭的孩子也会狼吞虎咽。又如，有的孩子总是上学时不按时起床，结果许多父母当了闹钟。其实上学完全可以成为孩子自己的事情，家长如果放手让孩子自己管理，他上学迟到了，自然有老师会批评他，同学们会评价他，这样他自己慢慢就会产生时间观念，知道上学应该早起。即使像孩子不愿意上学或者要离家出走的问题，也是可以让孩子定夺的，因为毕竟他们本人才是他们生活的主体，他们要真不想读书或者不愿意做那些大人认为重要的事情，大人是没法强迫的。但是，我们可以采取一些措施让他认识到他必须去做一些他该做的事。

曾经有一位妈妈因为读中学的儿子不愿意上学向我求助。正好在那段时间，我碰上了好几个不愿意上学的孩子，家长们可以说是想尽了一切办法，孩子们还是不愿意到学校去。我能理解家长们面对孩子不上学时的绝望心情，因为对于中国的父母来说，孩子到学校读书太重要了。如果放弃去学校，就等于放弃前途。我想知道孩子不上学的真正原因，于是约请他们见了面。

晚上 8：30 分左右，我在一幢八层楼的楼顶花园开始了和文文母子的谈话。

文文首先诉苦："我现在杀人的心、跳楼的心都有。"我表示出有点吃惊。他的妈妈悄悄给我使脸色，暗示我他只是话说得很凶，其实很爱惜自己的生命。

我问他："什么事情让你有杀人之心，又有跳楼之心？"

这一问题开启了文文的心门，于是所有的烦恼一泄而出："你不知道，学校的日子太烦了，我们马上就要初中升高中了，老师天天念着'离升学考试还有多少天了'。像敲木鱼一样，天天敲在脑门上。每天是做不完的作业，很久没有睡过好觉了，身体也难受。另外，同学也很烦，前面坐了一个女同学，扎一高高的马尾巴，穿件绿衣服，偏偏下面还经常穿一条大红裤子，真是要多烦有多烦。有些男同学也烦，以为自己成绩好就了不起，天天高昂着头，真是越看越来气。回家就更不用说了，我妈妈天天就是那几句话：‘孩子你要争气呀，争取考个重点高中，如果考不上重点高中，将来就不知道怎么办了。’说来说去，我连我自己都很烦，我真的不想上学了。我们学校的实习老师也劝过我，但后来他都理解了我而且认为我可以不上学。我妈妈请你也是为了劝说我上学，我想告诉你，你说什么都是没有用的。”

他的腻烦早在我的意料之中，于是我对他说：“我不是来劝你上学的，我是来帮你如何不上学的。”

他睁大眼睛看着我，他的母亲也很难接受。我赶紧对他母亲解释：“现在他已经铁了心不想上学了，你难道能够背着他上学去，你能抱他在怀里帮助他听课?”母亲最终理解了我的意图，同意我按我自己的想法行事，用她的话说是“死马当活马医”。

我问了文文：“你已经 16 岁了，我想有的问题你肯定已经想过，比如如果你不上学，你将来怎么办?”

文文若有所思地说：“其实，这个问题我已经想过很久，我妈也常常威胁我。我已经想清楚了，即使我什么都不能干，我可以去捡垃圾呀！那么多捡垃圾的人都能养活自己，我为什么不行。再说了，现在不读书而有出息的人也不少，比如北京的春树，不读书还写书呐，仍然很有名，美国《时代周刊》还让她做封面人物。”

我继续问他：“如果你妈同意你不上学了，你准备在家里做些什么?”

他回答我：“那太好了！我想干什么就可以干什么：睡大觉，想睡多久就睡多久；看电视，想看哪个频道就看哪个频道；染头发，想染什么颜色就染什么颜色……”

我转过身对着他妈妈：“你可以带他回去了，就让他在家休息一段时间吧。先让他试一试一个人在家的好日子。他已经不小了，确实到了该明白为什么读书、为谁读书的道理的时候了。不过，你也不要让他在家里过太好的日子，你每天只要买一些菜回家，然后回他姥姥家住，眼不见你也就不会那么着急，他应该是可以照料自己的生活的。”

我和文文约定好了在家里必须做的事：“自己给自己做饭，外出前要给妈妈打电话让妈妈知道你去了哪里，然后在家里可以尽情地做自己想做的事。”

文文很高兴，因为他自己的愿望实现了，而且还有点激动，因为从小到大他还从来没有单独过过生活。

时间一天天过去，我耐心地等待文文发生变化。因为这事是在临近国庆节前定的，文文学校本来就要放假，我希望他在国庆期间的自由生活能够帮助他选择国庆后去学校，这样他就不会耽误太多的功课。

大约在第四天的时候，文文的妈妈给我打来电话。她说：“老师，有效果了。这几天我都按你说的每天买点菜回家，顺便观察一下他是怎么过的。我每天都努力不理睬他，买菜回去待一会儿就走，我看他这几天在家里过得也并不怎么样。今天，他终于向我开口了，他似乎吼叫着一样对我说了句：‘如果你今天再走，我就永远不理你了。我告诉你，你好做准备，再过几天我就要回学校了，这几天在家里的自由日子也过烦了。”

我告诉文文的妈妈，这样的变化其实在意料之中，现在的学生口口声声要过自由日子，其实如果大人真让他们过一过这样的日子，他们会发现自由日子其实并不好过。一些学生内心很想抛弃自己的学生身份，但实际上并不知道自己该干什么。所以即使他们有一段时间不想去学校，但他们最终还是会选择继续做一个学生。

文文最后回到了学校，因为有过这么一次自由生活的经历，他似乎成熟了不少，心也安静了下来。这个事件之后，我也越来越相信，人具有自己教育自己的力量，家长的教育努力主要应该着力于为孩子自我教育提供条件和机会。一些人为什么走到不可救药的程度，很多时候是他们没有在生命中的某一时刻思考过自己，周围的人完全不去引导他们自我成长，或者是从来没有给过他们自己思考的机会。前一种情况是许多父母的失职，后一种情况是父母太多的包办代替，父母在孩子成长过程中的欢笑痛苦代替了孩子自己的欢笑痛苦，也代替了孩子的成长。

10. 允许孩子走那些非走不可的弯路

曾经看过张爱玲的一篇文章，标题是“非走不可的弯路”，颇有感慨。

非走不可的弯路

在青春的路口，曾经有那么一条小路若隐若现，召唤着我。

母亲拦住我：“那条路走不得。”

我不信。

“我就是从那条路走过来的，你还有什么不信？”

“既然你能从那条路上走过来，我为什么不能？”

“我不想让你走弯路。”

“但是我喜欢，而且我不怕。”

母亲心疼地看我好久，然后叹口气：“好吧，你这个倔强的孩子，那条路很难走，一路小心。”

上路后，我发现母亲没有骗我，那的确是条弯路，我碰壁，摔跟头，有时碰得头破血流，但我不停地走，终于走过来了。

坐下来喘息的时候，我看见一个朋友，自然很年轻，正站在我当年的路口，我忍不住喊：“那路走不得。”

她不信。

“我母亲就是从那条路走过来的，我也是。”

“既然你们都可以从那条路走过来，我为什么不能?”

“我不想让你走同样的弯路。”

“但是我喜欢。”

我看了看她，看了看自己，然后笑了：“一路小心。”

我很感激她，她让我发现自己不再年轻，已经开始扮演“过来人”的角色，同时患有“过来人”常患的“拦路癖”。

在人生的路上有一条路每个人非走不可，那就是年轻时候的弯路。不摔跟头，不碰壁，不碰个头破血流，怎能炼出钢筋铁骨？怎能长大呢？

父母也是由孩童长成成人的，因此或多或少我们会积累一些成长经验。所以当曾经少不更事的孩童长大做了父母后，总希望把人生的一些得失告诉自己的孩子，免得他们走弯路。但人生中的那些最为深刻、在后来的日子里最有用的认识常常不是在顺境中能够得到的，而是在艰难困境中经历磨难后提炼的。

写到这里，我又想起一个民间的故事：

有个渔人有着一流的捕鱼技术，被人们尊称为“渔王”。然而渔王年老的时候却非常苦恼，因为他三个儿子的捕鱼技术都很差。

于是他经常向周围的人诉说心中的苦恼：“我真不明白，我捕鱼的技术这么好，我的儿子的捕鱼技术却这么差。我从他们刚懂事的时候就传授捕鱼技术给他们，从最基本的东西教起，告诉他们怎样织网最容易捕捉到鱼，怎样划船最不会惊动鱼，怎样下网最容易请鱼入瓮。他们长大了，我又教他们怎样识潮汐，辨鱼汛……凡是我常年辛辛苦苦总结出来的经验，我都毫无保留地传授给了他们。可他们的捕鱼技术竟然赶不上技术比我差的渔民的儿子！”

一位路人听了他的诉说后，问：

“你一直手把手地教他们吗？”

“是的，为了让他们得到一流的捕鱼技术，我教得很仔细，很耐心。”

“他们一直跟随你吗？”

“是的。为了让他们少走弯路，我一直让他们跟着我学。”

路人说：“这样说来，你的错误就很明显了。你只传授给了他们技术，却没有传授给他们教训。对于才能来说，没有教训与没有经验一样，都不能使人成大器。”

诚如那位智慧的路人所说，对于人的成长而言，没有教训和没有经验一样，都不能使人成大器。就我们成长过程中取得的各种突破和进步而言，它们的前提和基础都是挫折和失败。所有新的尝试和探索都意味着比按部就班地做事有更多的风险，所以那些成大器的人都是能够从失败经历中走过来的人。

可是我们的家长太害怕失败，常常担心自己的孩子稍有不慎就走了弯路。无形之中，我们把孩子推向了只能成功不能失败的完美主义的境地。有时候，我们用完美主义这个词来褒扬别人，但其实只有完美主义者自己清楚这沉重的人生桎梏会让人生活得多么累。有完美倾向的人常常给自己确定很高的目标，总是生活在挑战自己极限的紧张状态中，他们常常“要么不做，要做就做最好”。他们不能接受自己些许的失败，对失败尤其敏感，所以当需要尝试用新的方法解决问题时，他们通常会退缩。完美主义者在承担任务上常常贪多而嚼不烂，一个典型的特点是为远大的抱负而不堪重负，他们一直要求自己再接再厉，而且对自己永不满意，所以他们要完成一项工作很难。由于对自己要求很高，完美主义者对自己和别人都不够耐心，他们难以理解别人为什么不对自己高标准、严要求。所以完美主义者最终会将自己耗尽，甚至出现心理紊乱，严重者还有可能自杀。

我常常遇到一些很能干的父母，他们也像渔王一样为自己为什么会培养出那么平庸的孩子而困惑。他们常常在自己涉猎的领域是能干的，所以他们有理由去要求孩子，但是他们当中很多人也许永远认识不到正是他们自己的能干让孩子自惭形秽，是他们无形中对孩子的高要求让孩子不敢放手去尝试新的事情。因为他们不允许孩子失败，使得孩子的能力得不到展现和发展的机会，于是他们的孩子只能成为平庸的人。

其实，生命的意义重在过程。前面已经提到过约翰·杜威对过程的看重："成长、完善和进步的过程，而不是其结果，才是真正具有意义的东西……完善不是最终目标，完善、成熟、精益求精的不懈过程才是生活的真谛……成长本身是唯一的目标。"这个成长的过程不会只有成功，不会只是一条直线，一定会走弯路，一定会遇到挫折和失败。就对成长的促进而言，弯路和挫折更能挑战人的心理品质，更能激发出人的内在潜能。这一点我们在那些取得伟大成功的人身上很容易看到。

爱迪生发明电灯，成功前失败了数千次。达尔文在学校里由于学习不用功和成绩不好，老是挨批评。他的父亲认为这个儿子"是个无用的废物，好像是为了辱没家庭的声誉才生下来的孩子"。父亲本来希望他能够成为一个牧师，可是达尔文喜欢的却是狩猎和收集标本。有一次，父亲对达尔文说："你除了射击、玩狗、捉老鼠之外，对什么都不感兴趣。这样下去，你自己会后悔的，也一定会败坏我们家的声誉。"但50岁时，达尔文发表了《物种起源》，因为进化论的思想而举世闻名。还有一个人，人生真是够曲折的了，一生中尝试过太多的事，但终于在晚年取得了大的成功。他的经历是这样的：

他出生于美国印第安纳州的一个农民家庭。

5 岁时父亲去世。

14 岁时从格林伍德学校辍学开始了流浪生涯。

在农场干过杂活，干得很不开心。

当过电车售票员，也很不开心。

16 岁时谎报年龄参了军，军旅生活也很不顺心。

一年后开了个铁匠铺，不久就倒闭了。

随后到南方铁路公司当了机车司炉工。他很喜欢这份工作，以为找到了自己的位置。

18 岁时娶了媳妇，没想到仅过了几个月的时间，在得知太太怀孕的同一天被解雇了。

接着有一天，当他在外面忙着找工作时，太太卖了他们所有的财产逃回了娘家。

随后大萧条开始了。

他没有因为失败而放弃，他确实努力过了。别人都这么说。

还是在铁路上工作的时候，他曾通过函授学习法律，但是后来放弃了。

他卖过保险，也卖过轮胎。他经营过一条渡船，还开过一家加油站。他都失败了。

后来，他成了考宾一家餐馆的主厨和洗瓶师，可是一条新的公路刚好穿过那家餐馆。

接着到了退休年龄。一辈子就这么过去了，而他却一无所有。有一天邮递员给他送来了第一份社会保险支票。政府同情他，政府说，轮到你击球时你都没打中，不用再打了，该是退休的时候了。

就在这一天，他愤怒了，觉醒了，他气坏了。他收下了那105美元的支票，并用它开创了新的事业。

他终于在88岁的时候大获成功。

他用他第一笔社会保险金创办的崭新事业，这就是肯德基家乡鸡，他创立了世界上最成功的快餐店——肯德基。

这个到了该结束的时候才选准方向的人就是哈伦德·山德士。

弯路其实不一定都是错路，尤其是很多人年轻时想走的路可能与父母为自己设计的路不一样，这个时候大人常常会认为孩子在走弯路。但是，这种弯路走下去，可能正是适合孩子走的路。这样的例子实在太多了：意大利的物理学家、天文学家伽利略自幼喜欢数学，可他父亲却认为学习数学无论如何也不能维持生计，迫切希望儿子当医生。伽利略17岁时按照父亲的愿望，进入大学学医，但是他并不喜欢医学，根本学不进去。两年后，他毅然放弃学医而转攻数学，最终成为世界近代实验科学的奠基人。又如比尔·盖茨大学没毕业就休学去办公司，这要在许多中国父母看来，一定是走了弯路。但是如果没有这样的弯路，又怎么会有被全世界推崇的比尔·盖茨呢？类似的事例在我们身边也不难找到。有的父母是教师，也希望孩子是教师，可是孩子偏偏不喜欢做教师而喜欢干别的；有的父母为自己的孩子设计好从政之路，可是孩子恰恰有可能喜欢的是文学创作或者其他工作。

孩子的路是孩子自己走出来的，其实他们该走一条什么样的路谁能未卜先知呢？所以，不管是哪条路，只要是有益于人民和国家的，只要是孩子认真思考后决定了要走的，我们就应该放手让他走下去，也许他尝试的路越多，他越有可能找到真正属于自己的路。

11. 永远不要对孩子失去信心

从《感悟母爱》上看到了这样一篇文章，它虽然不完全真实，但其中的精神内核曾经给我很多鼓励和启发。文章是这样写的：

第一次参加家长会，幼儿园的老师说："你的儿子有多动症，在板凳上连三分钟都坐不了，你最好带他去医院看一看。"回家的路上，儿子问妈妈，老师都说了些什么，她鼻子一酸，差点流下泪来。因为全班30位小朋友，只有她的儿子表现最差；唯有对他，老师表现出不屑。然而她还是告诉她的儿子："老师表扬你了，说宝宝原来在板凳上坐不了一分钟，现在能坐三分钟了。其他的妈妈都非常羡慕你的妈妈，因为全班只有宝宝进步了。"那天晚上，她儿子破天荒吃了两碗米饭，并且没让她喂。

儿子上小学了。家长会上，老师说："全班50名同学，这次数学考试，你儿子排在第40名，我们怀疑他智力上有些障碍，你最好能带他去医院查一查。"走出教室，她流下了泪。然而，当她回到家里，却对坐在桌前的儿子说："老师对你充满了信心。他说了，你并不是个笨孩子，只要能细心些，会超过你的同桌，这次你的同桌排在第21名。"说这话时，她发现，儿子黯淡的眼神一下子充满了光亮，沮丧的脸也一下子舒展开来。她甚至发现，从这以后，儿子温顺得让她吃惊，好像长大了许多。第二天上学时，去得比平时都要早。

孩子上了初中，又一次家长会。她坐在儿子的座位上，等着老师点她儿子的名字，因为每次家长会，她儿子的名字总是在差生的行列中被点到。然而，这次却出乎她的预料，直到家长会结束，都没听到他儿子的名字。她有些不习惯，临别去问老师，老师告诉她："按你儿子现在的成绩，考重点高中有点危险。"听了这话，她惊喜地走出校门，此时，她发现儿子在等她。走在路上，她扶着儿子的肩膀，心里有一种说不出的甜蜜，她告诉儿子："班主任对你非常满意，他说了，只要你努力，很有希望考上重点高中。"

高中毕业了。第一批大学录取通知书下达时，学校打电话让她儿子到学校去一趟。她有一种预感，她儿子被第一批重点大学录取了，因为在报考时，她对儿子说过，相信他能考取重点大学。儿子从学校回来，把一封印有清华大学招生办公室的特快专递交到她的手里，突然，他转身跑到自己的房间里大哭起来，儿子边哭边说："妈妈，我知道我不是个聪明的孩子，可是，这个世界上只有你能欣赏我……尽管那是骗我的话。"听了这话，妈妈悲喜交加，再也按捺不住十几年来凝聚在心中的泪水，任它流下，滴在手中的信封上。

我是个人本主义者，我一直坚定地相信，不管是优生还是差生，从内心里来说，他们都想成为好学生，都愿意到学校学习。之所以有那么些学生不愿上学，或者自暴自弃，或者成为不被社会认同的另类，甚至与社会为敌，我都相信他们只是学校教育这个系统自己制造的牺牲品，因为他们在伤害着别人的同时对自己伤害更深。不是他们本身的特质注定了他们的变坏，而是社会这个系统早早地给他们贴上了标签，并且又努力让他们更符合他们所贴的标签。拿现今的学校系统来说，学校已经演化为残酷的竞技场，这里面只认学习好与坏，学生只有学习好才能够让自己荣耀，让自己心情舒畅，当然学习不好也就成了更多学生痛苦的根源。差生在学校的日子不好过，光是那些学不懂的功课就已经让许多学生失去了胜任感，再加上老师的白眼、同学的歧视，他们哪里还有一个人、一个学生的尊严！看看下面这个学生在老师发下考卷的那一刻内心的挣扎吧：

> 每次当老师当众念出我们的考试分数时，我感觉脸部的肌肉是僵硬的，我心里冷冷的，满不在乎地靠在一个角落里。表面上我装得若无其事，其实我的心已经由一块石头变得泪涟涟。我把满纸红色叉叉的试卷匆匆地拿回来，我用最麻木的表情来掩盖内心的羞愧。到最后常常是老师那貌似"激励"的嘲讽和拿我同其他同学相比，让我无心去知道别人考了多少分，更无心再去分析自己和别的同学的差距。不是我不爱学习，而是现在的学习让我内心充满愤恨，那不单是"尴尬"两个字能够形容的。我多么希望老师以后不要再把我们考试的成绩当众公布，而是能单独用温暖的目光注视着我，告诉我哪里错了，该怎么修改，让我和类似我的人有点尊严，有点信心，到那时我肯定不再是今天的样子，我肯定要下点工夫把功课学好。

可是这些可怜的学生回家后，家庭这个一向被看作充满温情的地方，如今也受了学校教育系统的影响，很多家庭不再有温情，有的也只是分数、成绩、批评、嘲讽。那个已经脆弱不堪的学生回家后通常还得面对这样的局面：

> "怎么越来越差，还是倒数几名？不知道每天你都在做什么！好好反省一下，我们做父母的为了什么？舍不得吃舍不得穿供你读书，可是你怎么就这么不争气呢？你看，隔壁的洋洋，比你还小一岁，学习从来不用大人操心！你再看看

楼上的榛榛，人家考试总考第一！而你不说领先了，总是拖尾巴。你让我们太失望了！真是上天造的孽啊！”每次考试不好，学生都要听到爸爸妈妈这么说或者那么说，耳朵都起了茧，不是不想听，而是听进去内心太受伤。

教育家陶行知曾对一些不明教育真谛的教师说过：“你的教鞭下有瓦特，你的冷眼里有牛顿，你的讥笑中有爱迪生。”在这里，我也想对一些爱孩子的父母说，如果你的孩子成绩落后，你已经对他失去了期待，那你的放弃中也许有爱迪生，你的训斥中也许有达尔文，你的暴怒中也许有爱因斯坦。很多人都知道爱迪生的故事，这个只上学不到三个月的孩子，居然在妈妈的培育下成为迄今为止最有创造力的一个人。很多父母也知道达尔文小的时候，兴趣不在学习上，这个被家人认为他的出生就是为了辱没家庭荣誉的人最终成为让这个家庭享誉世界的人。还有那个鼎鼎有名的爱因斯坦，他的家人曾经以为他是个弱智的孩子，可最终却成为大器晚成的典范。话说回来，不是所有落后的人都会成大器，其实也没有必要让每个人都成大器，但所有人都是人，都是一个独特的生命，都需要有尊严地在学习中长大。

爱孩子就是要做真正对孩子有益的事情。当一些孩子学习成绩不好时，许多父母总是抱怨自己的孩子不努力。其实不是他们不努力，而是就他们现有的生理和心理成熟水平而言，他们无法做到更努力。有的家长抱怨孩子粗心大意，其实不是孩子故意粗心大意，而是他们的神经系统对信息的加工就只停留在不能注意到细节只能注意到大致的轮廓的水平。对于一个瞎子，你总不该去抱怨他的眼睛不好吧！对于一个耳朵有缺陷的人，你总不会去抱怨他没有认真听吧！所以当你的孩子成绩落后时，你首先要做的是找到孩子成绩落后的真正原因，然后考虑如何帮助他。如果你的努力就只停留在抱怨他不努力，咒骂他的笨拙上，那你不是在做对他有益的事情，而恰恰是在害他。他们已经相当痛苦，难道这个世界上最爱他的人居然要在他的伤口上撒一把盐吗？父母如果这样做，又如何能够让孩子明白世间有爱？如何让他在两眼一抹黑的慌乱和困顿中看得见希望？

曾经有一位母亲深夜打电话给我，虽然我充满困意，但还是强打精神与她交谈，而且很快进入了主题。

“我女儿上小学一年级就是最后一名，我都快气死了。”

“你不能气死，正因为她是最后一名，所以她比谁都需要一位母亲。”

“那我该做什么？”

“你女儿还上学吗？情绪怎么样？”

“她太傻了，成绩不好还每天早早去上学，想办法对老师同学好。”

“她不傻，很可爱，而且充满希望。”

“你乱说？”

“不是乱说，你女儿身上有很多优点。你能说说你女儿有哪些优点吗？”

“我找不出她有什么优点，她的学习成绩那么差，就是因为这样老师已经多次请我去学校了，老师每次都说她的缺点：上课注意力不集中，从不举手发言，学习不努力，总是拖班上的后退……”

“你错了，她的老师也错了。她真的有很多优点，她能够坚持、有心理承受力、友善、乐观。这些品质如果不丢失，她将来肯定会越来越好。”

“我觉得你这样说也有一些道理，那我具体该做什么？”

“明天早上一起床，就抱着她，对她说：‘你真行，每天按时上学多不容易，这样的事都能做到，学好功课肯定没问题。’”

“就这么多吗?”

“后面还有很多，但是先从这里开始吧！这个世界谁都可以放弃你的孩子，但是你永远不能放弃她，因为你是她的母亲。”

确实，父母的爱在孩子顺利成长时可能不是那么重要，但是在孩子需要别人拉一把的时候，父母对孩子的爱就如雪中送炭，会温暖孩子的心，融化他们心中已经结成的冰。

12. 帮助孩子从小成功走向大成功

一只新组装好的小钟放在了两只旧钟当中，两只旧钟滴答滴答地走着。其中一只旧钟对小钟说：“来吧，你也该工作了。可是我有点担心，你走完三千万次后，恐怕便吃不消了。”

“天啊！三千万次。”小钟吃惊不已，“要我做这么大的事？办不到，办不到。”

另一只旧钟说：“别听他胡说八道。不用害怕，你只要每秒钟滴答摆一下就行了。”

“天下哪有这样简单的事?”小钟将信将疑，“如果这样，我就试试吧。”

小钟很轻松地每秒钟滴答摆一下，不知不觉中，一年过去了，它摆了三千一百五十三万六千次。

再好的愿望如果没有行动，愿望也永远只是愿望。

对于许多父母而言，望子成龙并没有什么错。所有的孩子都有享受成功的权利，你的孩子也一样。但你的孩子会在哪一方面成为龙，怎么成为一条龙，这些都是父母从事父母职业过程中必要的修炼。没有人生来就会做父母，许多父母也都是在和孩子互动过程中摸出了孩子的心思，从而在教育孩子上变得更得心应手。

过去人们总是说失败是成功之母，但是从积极心理学的角度看，从成功走向成功更适合用来解释儿童的成长。人们真正说起失败是成功之母的时候，其实这里的失败已经被跨越，而那些被跨越的失败对于个体而言，已经不是失败了，而是一种有着特殊意义的成功。失败如果没能被跨越，那失败就是失败，永远不可能变成成功，人们在后来的日子里会很不愿意提及它。

所有大的成功都是由一系列小的成功构成的，就像那只闹钟，每秒钟摆一下，最后完成的居然是想也不能想的成绩。孩子的成功也是这样一步一步地积累的，那些真正成就大业的人也是这样一步一步走出来的。

下面我以小禹为例，直接面对学生和家长都关心的问题，具体谈谈父母应该如何帮助孩子在学业上从小成功走向大成功。尤其是当我们的孩子在学习上落后时，我们应该怎样帮助他；或者当孩子有着某些特别不好的习惯时，我们怎样帮助他一步一步地克服它。

小禹是个小学四年级的学生，最近莫名其妙地在家里发脾气。今天，小禹放学回家后，妈妈催着他赶紧做作业，可是妈妈刚说了几句就被小禹顶撞回来了。妈妈想知道小禹生气的原因。

“小禹，你今天心情不好?”

“我讨厌该死的数学作业，我不会做!”

“这么说，你做数学作业遇到了麻烦，你还担心你成绩不好别人会看不起你，所以你很生气?”

“你说得很对。”

“其实，学习上遇到困难和麻烦再平常不过了，人人都可能遇到困难，我们想办法克服它不就行了。现在让我们来看看问题到底出在哪里。”

通过谈话，妈妈了解到了小禹情绪不好的原因，更重要的是她教会了孩子当自己情绪不好时，应该采取正确的方式去面对。

这位妈妈如何帮助小禹取决于她对孩子学习的预期和她的学习理论。每个教育者在教育和帮助别人时头脑里都是有一定理论的。一般的教师在接手一个班或者是在开学时，常常抱有这样一种预期：班上有三分之一的学生可能会学得好；三分之一的学生可能会学不好，另外三分之一的学生可能是一般程度地掌握知识。这种预想通过教学和评分制度传给了学生，结果造成了“自我实现预言”——学生的成绩分布接近原先的预期。这种预期把教师和学生的目标都固定了下来，好学生总是好学生，差学生总是差学生。很多父母都知道，差学生能够真正从学校中得到的帮助很少。这个时候，家庭对孩子的帮助就显得尤其重要。这位妈妈帮助孩子的学习理论应该是另外一些理论，比如布卢姆的掌握学习理论。在布卢姆看来，只要恰当注意教学的一些变量，就有可能使绝大多数学生都达到掌握水平（5 分，即优等成绩）。掌握学习的状况取决于学习程度，而学习程度等于实际用于学习的时间量除以需要的时间量。由于学生理解教学的能力和愿意从事学习的毅力很不相同，因此学生学习需要的时间量很不一样。

小禹的妈妈当然对小禹有预期，她不认为自己的孩子怎么努力都无法掌握学习。但她也知道小禹的学习还处于没有充分学习的状态，所以小禹面对现在的学习任务总是会觉得有困难。她决定先从几个方面找出孩子学习上感到困难的原因。她翻开孩子的作业本，发现孩子作业最近错误很多。尤其是看见最近的一张数学试卷，她发现四道应用题小禹只做对了一道，她很是为孩子感到焦虑。这时她的掌握学习理论帮助了她，她相信小禹是能学好的，关键是找准孩子的问题。

小禹四道应用题虽然只做对了一道，但这一道题的正确表明他还是能够掌握应用题的。她决定让孩子把其他三道应用题再做一遍，在这个过程中她发现小禹的错误主要在这么几个方面：

孩子没有很好地读题，根本就没有搞懂题的意思，当然找不出解题的数量关系；孩子有许多基本的概念没有理解，和、差、积、商、余数、倍数等基本概念在孩子头脑中是模糊不清的；孩子做题时注意力分散，粗心大意导致原本可以做对的题也做错了。更糟糕的是，小禹没有把学习当成自己必须做的事情，学习动机很弱。看来，小禹的学习问题不是由单一的某一方面的原因导致的，他的改变也必须是一个系统的内生性的改变。可是怎么才能实现这种改变呢？

最近几天小禹的妈妈和爸爸都在考虑如何让孩子产生一个根本性的改变，最重要的是他们认为应该让孩子自己有积极性。小禹的爸爸是商场的一个部门经理，他们商场很多时候为了激发顾客的购买欲望会采用一些方法，其中积分制的方法特别有效，很多时候顾客为了积累更多的分数，会把一些暂时不需要的东西也买回家。他们决定对孩子采用积分制的方法来激励他的学习。

“我和你妈妈对你的学习很担心，我们想帮你纠正一些不好的学习习惯。我们打算用一种叫积分制的方法，这不是对你的惩罚，是通过制定你得分、失分和用分的规则，来促进你更好地成长。你做到有些事情就可以得分，犯了一些错误就要失分，你可以把你最后挣得的分数转换成钱，用在你想用的地方。我们希望你能够快乐地生活，而且这个积分制度对我们一家人都很重要。现在我们一起设计哪些事情可以得分，哪些事情必须失分，以及如何用分，我们会听取你的建议，但我们不能保证采纳你的每一条建议。”

经过和小禹商议，他们将那些对小禹的发展有益的项目写在一张纸上，内容包括：

每天闹钟一响就起床，按时上学。(5 分)
每天回家不要大人催促自己完成家庭作业。(10 分)
做作业时能够找出自己不会做的题目。(15 分)
每天的作业如果被评定为良以上。(15 分)
老师的评语中有“上课注意力集中”的评语。(20 分)
老师的评语中有“努力了、进步了”的评语。(20 分)
每天作业后能够预习第二天的课程。(10 分)
每天作业完成后能够收拾好自己的学习用品。(5 分)

接下去，父母和孩子继续讨论哪些项目可能失分。在编制失分表时，孩子很有可能和你讨价还价，做父母的没有必要生气，你可以从中了解孩子的心态，孩子在讨价还价中也能够锻炼他的表达能力和解决问题的能力。另外失分项目不要太多，父母千万不能指望一下子将孩子所有不良的行为全部消灭掉，这样做肯定是会遭遇失败的，所以失分项目的重点最好放在一两个当前迫切需要孩子改正的项目上。等孩子有了进步，他在失分表的各项目已经不会失分了，到时再增加别的内容。因为积分表和积分制不是一成不变的，可以根据孩子的发展情况不断编制新的积分表。具体来说，对于小禹的情况，失分的项目可以包括：

早上上学迟到。(5 分)
对大人发脾气。(10 分)
放学后没有按时回家。(5 分)

放学后没有完成作业就先看电视。(10分)
作业粗心大意，本来会做的也做错了。(10分)
老师的评语中有“上课不认真”之类的消极评语。(10分)

最后可以比较轻松地和孩子讨论如何用分的问题了。在这个问题上，可以让孩子有更多的自主权，父母只需要规定不同项目的分值。对于小禹来说，他喜欢看电视，还喜欢一个人摆弄积木，偶尔还喜欢买点零食来吃，所以他能够用自己所挣的分数适当让自己满足一下是可以的。具体来说，可以是这样的：

看少儿节目30分钟。(15分)
经家长同意到朋友家去玩。(15分)
自己玩心爱的游戏30分钟。(10分)
换成钱，买书、零食、玩具等。(5分)

根据我的经验和一些家长的反馈，积分制在管理儿童的行为上真的很有效。但不是对所有的人都有效，也不是随意使用都有效。积分制只是动态评价和反馈儿童行为的一种方法，对于不同年龄的儿童，应该有不同的项目内容。当一些项目孩子已经很不容易失分时，家长必须及时调整积分表。最重要的是，父母必须做好长期执行积分制的准备。很多父母可能开始实施得不错，但常常一高兴就忘记了，甚至被孩子的死皮赖脸而打败，这样就不会有长期的效果。

上面提到的小禹的妈妈和爸爸一方面忙着给孩子补充讲解他以前没有理解的知识，一方面长期执行了他们的积分制，结果小禹的进步也就体现出来了。小禹最初做应用题时只会做一道，后来开始能够做两道，再后来能做的题目越来越多了，学习信心也越来越强。小学毕业时，小禹考上了一所比较好的初中，后来又考上了一所比较好的高中，据说高中毕业还轻松地考上了大学。正是因为小禹已经经历过学习的落后和如何改变落后，所以他常常对那些成绩不太好的同伴说："暂时落后没关系，只要你不断努力，让你爸你妈对你采用积分制，你先是会做一道题，然后会做两道题，最后你能做的将越来越多，你就是一个全优的学生了。"

我想在我们周围有很多像小禹这样的孩子，我希望他们也能像小禹一样，在爸爸妈妈的爱中，慢慢走过那长长的成长之路。

成长其实很简单，有风有雨都没关系，只要有爱陪伴就行。

后　记

这不是我写的第一本书，也肯定不会是我最后的一本书。为此，我要感谢的人很多。第一想到的是我的父母，他们让我在爱中长大，庆幸的是我写这本书的时候，他们还健在在我身边。然后是我的孩子和我的丈夫，他们构成了我对家庭建设的基本看法，并且他们的行为总让我积极地看人性、家庭和家庭关系。接着我想对我教过的那些学生说声感谢，他们大胆地拿出自己的成长经历与我分享，帮助我完成了对家庭关系和教育的纵深认识，他们对我课堂的激励加强了我对家庭教育的关注，并且在我从教过程中带给我许多快乐。再接下去，我要感谢的是四川教育出版社的陶明远副社长和张纪亮主任，他们对书稿的积极评价让我为自己的劳动感到欣慰，他们的高效和及时反馈让这本书得以在短时间内和大家见面。当然，还有不应该被遗忘的，那就是四川省社会科学联合会，他们将“在爱中管教孩子”批准为社会科学普及规划项目，并给予了相应资助。他们督促了我的写作的完成，并且让我这个生活在众多关爱中的人有机会做点事情来回报这个社会。

其实，要感谢的人很多很多，这里就不一一赘述了。我希望我能够带着这份感谢走到更远的地方，做更多的事情。

主要参考文献

1. 〔美〕艾·弗罗姆著，李健鸣译：《爱的艺术》，商务印书馆1987年版。
2. 〔法〕卢梭著，李平沤译：《爱弥儿——论教育》（上、下），商务印书馆1991年版。
3. 〔保〕基·瓦西列夫著，赵永穆等译：《情爱论》，生活·读书·新知三联书店1986年版。
4. 〔意〕亚米契斯著，田雅青译：《爱的教育》，中国少年儿童出版社1980年版。
5. 赵忠心编著：《中外家庭教育荟萃》，高等教育出版社1989年版。
6. 赵忠心著：《家庭教育学》，人民教育出版社1994年版。
7. 〔美〕RogerR. Hock著，白学军等译：《改变心理学的40项研究》，中国轻工业出版社2004年版。
8. 郑信雄著：《如何帮助学习困难的孩子》，九州出版社2004年版。
9. 〔新西兰〕戈登·德莱顿等著，顾瑞荣等译：《学习的革命》，上海三联书店1997年版。
10. 〔意〕蒙台梭利著，任代文译：《蒙台梭利幼儿教育科学方法》，人民教育出版社2001年版。
11. 张健鹏等主编：《心里的锁》，当代世界出版社2000年版。
12. 新课程实施过程中培训问题研究课题组编写：《新课程与学生发展》，北京师范大学出版社2002年版。
13. 钟思嘉著：《开明父母大学堂》，商务印书馆2006年版。
14. 〔奥〕维克多·E. 弗兰克尔著，何忠强等译：《追寻生命的意义》，新华出版社 2003 年版。

15. 〔黎〕纪伯伦著，冰心译：《先知》，中国国际广播出版社 2006 年版。
16. 龙应台著：《孩子你慢慢来》，上海文汇出版社 2005 年版。
17. 〔美〕约翰·杜威著，王承绪等译：《民主主义与教育》，人民教育出版社 1991 年版。
18. 桑标主编：《当代儿童心理学》，上海教育出版社 2003 年版。
19. 特雷莎修女著，王丽苹译：《活着就是爱》，四川人民出版社 2000 年版。
20. 〔美〕维吉尼亚·莎提亚著，易春丽等译：《新家庭如何塑造人》，世界图书出版公司 2006 年版。